EX LIBRIS
QVOS TESTAMENTO SVO
LARGITVS EST HVIC DOMVI
M. PHILIPPVS DESPONT
PRESBITER PARISIENSIS ET
DOCTOR THEOLOGVS

ORATE PRO EO

Et, discite in terris quorū
Scientia vobis perseueret
in Cœlis
Hieronimus
Epist. 103

DIVERTISSEMENT HISTORIQVE

Par Monsieur l'Euesque de BELLEY.

A ROVEN,
Chez FRANÇOIS VAVLTIER,
sous la porte du Palais, prés la Bastille.

M. DC. XXXXII.

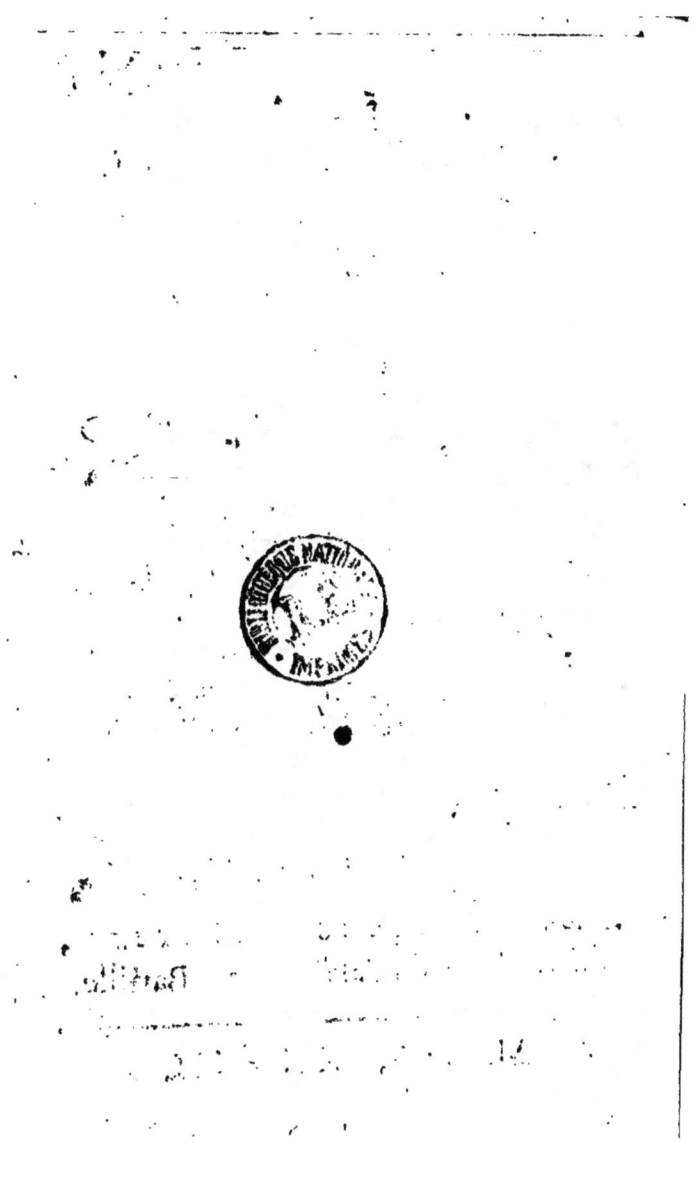

ADVERTISSEMENT SVR CE DIVERTISSEMENT.

CE petit Ouurage (mon cher Lecteur) n'est, à proprement parler, qu'vne suitte de ces Histoires diuerses que ie t'ay desia données en assez grand nombre sous de differentes inscriptions. Tu rencontreras icy quelques euenemens Comiques, dont la gaillardise semblera peut-estre moins serieuse à quelques esprits chagrins, tellement pesans à eux-mesmes, & à autruy, & ennemis de cette ioye, qui est vn don precieux du S. Esprit, & que le Psalmiste appelle l'allegresse du Salutaire de Dieu, & l'effet de l'esprit principal, que rien ne leur peut plaire, sinon ce qui entretient leur déplaisante humeur. Certes la melancholie non seulement n'est bonne à rien, mais est nuisible presque en tout, ou au moins en beaucoup de choses. Le grand Apostre en met quelque vsage dans la Penitence, encore ay-ie de la peine à me rendre à son sentiment, puis que la Penitence sans Amour est imparfaite, &, si ie l'ose ainsi dire, inutile : & l'Amour ne marche

ã ij

ADVERTISSEMENT.

iamais sans auoir le ris & la ioye à ses costez, mesmes parmy les tourmens. A raison dequoy le Psalmiste nous exhorte & nous prouoque en cent & cent lieux de ses sacrez Cantiques à cette ioye en Dieu. Et ce grand Apostre nous crie, Réjoüissez-vous au Seigneur: encore vne fois (redoublement notable) ie vous dy, Réjoüissez vous en luy, de maniere toutefois que vous ne franchissiez point les bornes de la modestie. Et si ie ne me trompe, il me semble qu'en ces Narrations ie n'ay point passé les bornes de la bien-seance ny de l'honnesteté. Ces deux Philosophes antipathiques, dont l'vn rioit, l'autre pleuroit de tout, & qui ont eu tant de sectateurs en leur contraire Philosophie, nous enseignent, que la pluspart des actions humaines estans ou Comiques ou Tragiques, celles-là instruisent en riant, & celles-cy en pleurant; & des Relations des vnes & des autres on peut tirer des enseignemens fort vtiles. Les vnes font voir le vice ridicule, les autres horrible, tout laid & hayssable; voila mon but. Il est vray que les Comiques representent des occurrences plus legeres & moins graues, & les Tragiques de plus criminelles & malicieuses, mais toutes donnent auersion du mal, soit qu'on en considere la folie & la vanité, soit que l'on en remarque la rage & la fureur. Les actions Comiques, comme plus frequentes, & en apparence friuoles, sont moins remarquées, encore que sou-

ADVERTISSEMENT.

uent elles ne soient pas moins remarquables que les Tragiques, dont les effets se monstrent rarement & sont plus rigoureusement releuez. Vn bon esprit neantmoins ne fera pas moins son profit pour se corriger de ses imperfections de la reprehension d'vne verité ridicule, que d'vn exemple sanglant, qui porte son horreur & sa detestation auec soy. Le nombre des fols est encore plus grand que celuy des furieux. Et s'il est vray, selon le plus excellent des Philosophes, qu'il n'y ait point d'esprit eminent qui n'ait quelque dragme ou meslange de folie, n'est-il pas à propos de representer les sottises qui se commettent dans le monde, pour faire voir que tous ceux qui pensent estre bien sages ne le sont pas, & que ceux qui pensent estre enfans du Soleil, le sont bien souuent de la Lune. Cela c'est imiter le grand Poëte des Romains, qui tiroit des perles du milieu des ordures d'Ennius, & le Coq de la fable qui trouua vn diamant en grattant sur de fumier. Bien-heureux est celuy, dit le diuin Chantre, qui n'a point regardé les vanitez, & ne s'est point laissé emporter aux fausses folies: Et quelles sont ces fausses folies, sinon celles qui se commettent souuent dans le monde sous le titre de Prudence, & sous le masque de Sagesse? Certes comme le nombre des fols est infiny, dit l'Oracle sacré, aussi faudroit-il vn volume aussi grand que le monde pour escrire toutes les folies qui s'y commettent. Si tu trouues

ADVERTISSEMENT.

icy quelques espics de cette grande moisson, contente-toy de ce glanage. J'entremesle icy le Comique auec le Tragique, le serieux auec le ridicule, l'herbe amere auec la douce, l'huille auec le vinaigre, pour te faire vne salade, Lecteur, qui te réueille l'appetit. Que s'il se presente icy à tes yeux quelque Histoire moins considerable, encore que ie croy qu'il n'y en ait point qui ne soit assaisonnée de quelque profitable leçon, regarde le titre de l'opuscule, & il te dira que cet escrit est coulé de ma plume par vn pur diuertissement d'esprit. Adieu.

TABLE DES HISTOIRES.

Hist. I.	Les sinceres Amis.	page 1
II.	Le subtil Refus.	19
III.	Le stratageme du Retranchement.	25
IV.	Le Titre.	35
V.	Le Genereux conserué.	45
VI.	La prompte Repentance.	51
VII.	L'Escurial.	57
VIII.	Les Horoscopes.	66
IX.	Le Fantosme.	76
X.	L'artificieuse Vengeance.	84
XI.	La Simplicité preseruée.	88
XII.	Le Contentement reciproque.	91
XIII.	Le Cœur serré.	99
XIV.	L'Accordée.	113
XV.	Le Compliment Espagnol.	119
XVI.	La poincte cachée.	128
XVII.	La Mescognoissance punie.	133
XVIII.	Le pitoyable Naufrage.	143
XIX.	Le tesmoignage des Oyseaux.	151
XX.	Le Preuost scrupuleux.	154
XXI.	La Grandeur inaccessible.	157
XXII.	La Satisfaction offençante.	163
XXIII.	La Fascination.	166
XXIV.	Le Mesnage & la Cour.	176
XXV.	La Taille.	186

XXVI.	Le plaisir de Prince.	190
XXVII.	La parfaicte Mortification.	201
XXVIII.	Les nobles Comediens.	218
XXIX.	L'Interrogatoire.	239
XXX.	L'Espagnol consideré.	244
XXXI.	La Verité masquée.	247
XXXII.	La double Fureur.	260
XXXIII.	Le Supplantateur.	270
XXXIV.	La Prise de change.	282
XXXV.	Le salutaire empoisonnement.	291
XXXVI.	Le Frere conscientieux.	297
XXXVII.	L'Impieté maternelle.	304
XXXVIII.	La Supercherie.	315
XXXIX.	Les deux Courtisanes.	324
XL.	L'Amour de la liberté.	341
XLI.	Le Vieillard passionné.	348
XLII.	Le premier Ialoux.	355
XLIII.	Le second Ialoux.	365
XLIV.	Le troisiesme Ialoux.	375
XLV.	La Fille forte.	392

DIVER-

DIVERTISSEMENT HISTORIQVE.

Les sinceres Amis.

HISTOIRE I.

A Cour du Duc d'Vrbin Francisque-Marie, l'vn des excellens Princes de son temps, soit en paix, soit en guerre, estoit aussi belle qu'aucune autre qui fust en Italie. Car les occasions de paroistre dans les armes estans escoulées, luy, qui n'estoit pas moins affectionné aux exercices des sciences,

A

qu'à ceux de la valeur, assembla auprés de soy les plus beaux esprits qui fussent lors en reputation, & en faisant vne Academie d'honneur & de gentillesse, il n'y auoit sorte de politesse & de galanterie qui n'abordast & n'abondast en sa Cour. Cela est si generalement recognu de tous ceux qui ont escrit l'Histoire de ce temps là, & qui ont magnifié la suitte de ce Prince comme vne escole de toute vertu, qu'ils nous l'ont dépeinte comme le Siecle d'or & ces champs Elisées, dont les Poëtes nous bercent. Ce fut donc au temps que regnoit cet aimable Prince, les delices de son peuple, & qui auoit emply toute l'Europe de la gloire de son nom, & des merueilles de sa valeur & de sa courtoisie, qu'à Senegaille, ville maritime & forte, & comme le boulouard de ses Estats, auint cette memorable auanture que ie mets à la teste de ce *Diuertissement Historique*. Deux ieunes hommes, l'vn Modenois, l'autre de la Cité d'Vrbin, qui auoient autrefois contracté vne amitié fort estroitte, estans en l'Vniuersité de Bologne se trouuerent de fortune ensemble à Senegaille aux nopces d'vn des parens du Modenois, qui estoit des principaux du lieu, & où se firent de grandes magnificences, accompagnées de courses, de bagues, de bals, & autres passetemps ordinaires en de semblables pompes. Là les deux Amis, dont nos appellerons le Modenois Optatian, & Sindrone l'Vrbinois, parurent comme deux grands Astres en vne claire nuict. Ils estoient accompagnez de tant d'adresse & de grace, que si par celle-cy ils attiroient les yeux de tous les assistans sur leurs personnes, par celle-là ils remportoient

A ij

sous les prix, & ne laissoient que des desespoirs à leurs concurrens. Les corps qui cheminēt au Soleil ne sont iamais sans ombres, & la vertu qui esclate n'est iamais sans enuie. Plusieurs oyseaux de nuict ne peurent supporter cette splendeur ; & comme ils estoient extrémement ciuils & accorts, & nourris dans la politesse de cette Cour du Duc d'Vrbin, dont nous auons parlé, ils iettoient de la poudre dans les yeux des enfans de Senegaille, qui se trouuoient rudes auprès d'eux ; & semblables au faux or, qui pallit deuant la pierre de touche, & au cristal, qui semble obscur en la presence du diamant, cette mignardise pleine d'attraits qui accompagnoit tous leurs discours & toutes leurs actions & leur dexterité, soit à chanter, soit à joüer du luth, soit à manier des cheuaux, soit à danser,

Les sinceres Amis.

leur acquit vn tel credit auprés des Dames, qu'affriandées de la douceur de leur conuerfation, toute pleine de charmes, elles eurent du degouſt de leurs adorateurs ordinaires, & l'eſtime de ces eſtrangers fut accōpagnée du meſpris de leurs concitoyens. Cela donna tant de jalouſie à la ieuneſſe de Senegaille, que l'on diſoit preſque tout haut, que ces nouueaux venus faiſoient mourir toutes les femmes d'amour, & tous les hommes d'enuie. Cette belle cauſe pourtant produiſit vn tragique effet, tragique effet qui fut ſuiuy d'vn autre autant heroïque qu'aucun que l'antiquité nous fourniſſe en faict d'amitié. C'eſt la façon des Cheualiers de prendre party dans les compagnies, & quoy que ſans deſſein de paſſer en des recherches formées, de s'attaher à certains objects où la ſimpathie donne de l'inclina-

A iij

tion, cette propension est vne chose si naturelle, que pour l'ordinaire elle precede le iugement & le discours de la raison. Car comme en vn parterre couuert d'vn grand nombre de fleurs differentes en espece, il y en a quelqu'vne qui nous reuient plus que les autres, & qui semble, s'il faut parler ainsi, rire à nostre œil. Aussi dans les asseblées il y a des visages qui agreent aux vns, & qui desplaisent aux autres, souuent plustost par caprice, que par vne consideration deliberée. Dans le bal, & pour la dance nos deux Cheualiers firent choix de deux Damoiselles des principales de la ville, & comme vous le pouuez croire de leur accortise qu'ils n'estoiét pas des moins belles. L'vne, c'estoit Olympia, estoit accordée à vn Gentilhomme de Pesaro, qui portoit le nom de Crescentin; l'autre s'appelloit Orsinotte, la plus agreable de toute la Cité, & le commun desir de plusieurs passionnez poursuiuans. Nos deux Amis s'attacherent à ces deux filles, & monstrerent la bonté de leur esprit en la sagesse de leur choix. Ce fut là le sujet des murmures, & les pierres de scandale. Ils se firent admirer à la dance, & ces deux filles qui releuoient leur vanité (qualité inseparable des belles) de l'estat que ces braues hommes faisoient d'elles en les faisát assez souuent paroistre sur le theatre, estoient bien aises de se voir estimées de ceux que tout le monde regardoit auec estonnement. Dans les tournois & les courses de bague ils eurent tous les prix: & comme ils estoient genereux ils les presenterent à ces filles, qui les receurent par la bien-seance ordinaire, qui ne permet pas qu'on les refuse, puisque donnez publiquement

A iiij

cela leue le soupçon de toute intention sinistre, & sert plustost de marque de l'estime que l'on fait d'vne beauté, que d'aucune mauuaise pretention. Cependant de là se formerent des entreprises sanglantes contre ces deux Amis ; mais entreprises lasches, & accompagnées de trahison. Crescentin, qui n'estoit pas moins jaloux qu'amoureux d'Olympia qui luy estoit accordée, trouua si mauuais qu'elle eust receu quelque chose des mains d'Optatian, qu'il fut sur le poinct de rompre ses accords, si son amour ne se fust trouuée plus forte que sa colere. Et la jalousie luy ayát fait prendre garde iusqu'aux moindres actions de cette Damoiselle lors qu'elle dançoit ou deuisoit au bal auec le Modenois, luy auoit mis dans l'ame tant de sottes impressions, qu'il en eust eu honte s'il eust eu l'esprit guery

Les sinceres Amis.

de ce mauuais mal, qui se reprend plus aisément qu'il ne s'éuite. Les adorateurs & les martyres d'Orsinette, encore qu'ils s'entr'aimassent comme des Riuaux, neantmoins ils ne laisserent pas de s'vnir en leurs mauuaises volontez contre Sindrone, estimans que ce leur estoit vn commun affront que cet Vrbinan vint marcher sur leurs pas, & se mesler parmy leurs brisées. Ils conferent auec Crescentin, & tous ensemble furent d'aduis de faire vn mauuais party à ces estrangers, & de leur monstrer à ne venir pas brauer les Senegallois sur leur fumier. Les deux Amis qui ne se doutoient nullement de ce complot, & qui n'ayant en leurs actions passé en aucune maniere les termes de l'honnesteté & de la bien-seance, alloient par la ville sans deffiance, cóme dans vne terre d'amis, n'ayans autre dessein que de caresser & honorer tous ceux qui les accostoient. C'estoit en la saison des beaux iours & des agreables nuicts ; & chacun sçait que les Italiens durant le temps des chaleurs font de la nuict le iour, cheminans par les ruës, & y prenans le frais durant l'absence du Soleil, dont la presence les tient enfermez dans leurs maisons, & leur est assez ennuyeuse. Pendant ces claires obscuritez se pratiquent beaucoup d'œuures de tenebres, & peut-estre que durant le frais font les plus grandes ardeurs de la conuoitise. Nos Amis se donnent la liberté d'aller ainsi à l'imitation de plusieurs autres, & mesme de faire la musique en diuers lieux, tandis que ceux qui ne les veulent pas nourrir se preparent à leur dôner vn autre exercice. Vn soir, lors qu'ils ne pensoient qu'à se recreer par ces agreables diuertiſſemens, ils ſe voyent aſſaillis d'vne troupe de furieux, qui pour s'animer l'vn l'autre à leur donner l'aſſaut, crient, tuë, tuë. Encore qu'ils ne penſaſſent pas auoir aucun ennemy, ſi eſt ce que la propre deffenſe, qui eſt ſi naturelle & ſi permiſe, leur fit ſonger à mettre la main aux armes, & à repouſſer la force par vne autre. Ils ſe rangent dans vne porte, & là en diſputans leurs vies auec toute la valeur qui ſe pouuoit deſirer de deux gentils courages, ils reçoiuent quelques atteintes, mais ils les parent ſi ſolennellement, qu'apres en auoir bleſſé pluſieurs, ils en couchent vn ſur le carreau: tandis que le monde s'aſſemble, qui ſepare cette meſlée, Sindrone s'eſtant coulé dans la foule, ſe gliſſa imperceptiblement, & ſe ſauua de la ſorte chez vn de ſes amis; & le Modenois eſtant bleſſé fut aiſément pris,

& comme coupable de la mort de celuy qui estoit demeuré sur le carreau mis entre les mains de la Iustice. Ne vous estonnez pas de voir que Sindrone qui auoit si courageusement combattu auec son Amy s'enfuist ainsi laschement & le laissast comme au besoin, parce que sçachant que ceux qui estoient arriuez ne venoient pas pour l'offenser, & se sentant soy-mesme coupable de la mort de celuy qui estoit couché à bas, il crût que la Iustice ne luy pouuoit rien faire, puisque n'ayant tué personne, il n'auoit fait que se deffendre, & que pour luy il feroit mieux paroistre son innocence dehors que dedans vne prison. Le mort se trouua par malheur le fils d'vn des plus puissans de Senegaille, dont la faueur & l'authorité furent telles, que le procez d'Optatian fait à la chaude, encore qu'il protestast de n'auoir pas fait le coup, mais seulement de s'estre seruy du droict de nature en sa iuste deffence, il fut condamné à perdre la teste sur vn eschaffaut. Encore qu'il luy faschast assez de mourir en la verdeur de ses ans & auec tant d'injustice, rien pourtant ne fut capable de le resoudre que cette consideration, qu'il mouroit pour son Amy, dont il eust voulu racheter la vie de la sienne, s'il eust esté en pareille condamnation. Certes la sainte Parole nous apprend qu'il n'a point de plus grande charité que de mettre son ame pour son Amy; & le plus haut degré de la dilection des bons Pasteurs est, de mettre leur vie pour leurs oüailles. Si nous aimons sincerement, dit l'Apostre, nous deuons mettre nos amis pour nos freres: C'est l'effet, non le discours; la main, non le plat de la langue, qui fait la pierre de touche de la vraye amitié. Mes petits enfans, dit le Disciple bien-aimé du Sauueur, entr'aimez-vous les vns les autres, non de la langue & de parole, mais par œuure & en verité ; voyez-vous comme il oppose le faire au dire. Mais comme il n'y a aucun bien en la vie plus grand que la vie mesme, puisqu'elle est le fondement de tous les biens que l'on possede icy bas; aussi n'y a-t'il point de plus forte preuue d'vne sincere amitié, que quand on méprise la vie pour la dilection. Vous allés voir maintenant de quelle trempe sera celle de nos sinceres Amis en leur voyant pratiquer ce que les Poëtes n'attribuent que fabuleusement à Pilade & Oreste, ce pair incomparable d'anciens amis. Optatian allant donc auec ioye au supplice, sçachant que son sang espargnoit celuy de son amy, suppliant ses parties de se contenter de sa mort, sans faire aucune recherche contre Sindrone, ce qu'ils luy promirent pour luy donner cette consolation en mourant. Sindrone qui se sçauoit l'ouurier de ce meurtre, (s'il faut ainsi appeller vne iuste defence) ne pouuant souffrir la perte d'vn si cher Amy, se resolut de racheter sa vie de la sienne. Comme donc l'on estoit sur le poinct de le mener au supplice, il se presente à la porte de la prison, remonstre à la Iustice qu'il est autheur du coup pour qui l'innocent est condamné, qu'il vient receuoir le chastiment à quoy on a destiné son Amy. C'est vne maxime parmy les Iurisconsultes, que celuy qui veut perir n'est pas volontiers ouy, neantmoins on le reçoit en ses preuues, sur ce qu'Optatian remonstroit que le déplaisir de sa mort troubloit le iugement de Sindrone, & qu'il ne deuoit

pas estre crû. C'est icy où la porte s'ouurioit à la digression sur le debat pitoyable de ces deux Amis à qui souffriroit le suplice; mais la fermant en faueur de la briefueté, ie me contenteray de dire que l'execution estát remise iusques à ce qu'on se fust esclaircy du vray coupale, cela donna loisir de verifier l'innocence de tous les deux. Cette memorable generosité vint aux aureilles du Duc, qui depescha promptement à Senegaille, commandant qu'on luy amenast les deux prisonniers; il les voulut voir, & oüir leur agreable dispute à qui racheteroit la vie de son compagnon par la perte de la sienne propre. Cette cordiale & admirable sincerité rauit tellemét ce Prince, qu'il rompit leurs liens, leur donna la vie, les declara innocens, & les embrassant tous deux auec des larmes de ioye, il les pria de
le

le receuoir pour troisielme en leur incomparable amitié, protestant deuant tous ses Courtisans qu'il estimeroit dauantage cette faueur qu'vn grand Empire. Et à dire la verité si le Sage nous apprend que qui a trouué vn amy fidelle, a rencontré vn tresor; ne sera-ce pas le tresor des tresors que l'acquisition d'vn amy, qui non seulement fasse peu d'estat de ses richesses au prix de nostre dilection, mais qui la prefere à sa propre vie? Certes la saincte parole esleue celle du fils de Dieu & l'appelle trop grande, comme certes elle estoit infiniment excessiue d'auoir le Iuste qu'il estoit, & la mesme Iustice, mourir pour des injustes & pour des pecheurs. Le Duc pour obliger ces deux braues courages à l'aimer leur donna de beaux Offices en sa Cour, & les eut en telle estime qu'il les proposoit tousiours pour exemple d'vne heroïque vertu. Comme certes elle estoit telle, qu'il faut comme à la Palme vn siecle entier pour voir de tels fruits, ces traits arriuans encore plus rarement que les Deluges & les Cometes. Et ie trouue que le ciel de la Cour de ce Prince ne receuoit pas moins de lustre de ces deux sinceres Amis, qu'vne claire nuict reçoit de grace de l'esclat de ces deux beaux Astres qui portent les noms de Castor & de Pollux, ces deux freres autant vnis d'amitié que de sang ; & dont la fraternelle dilection a donné lieu à tant de belles fables.

Le subtil Refus.

HISTOIRE II.

Pres la mort de Dom Sebastien de Portugal, qui fut deffait en Affrique, combattant contre les Mores, le Cardinal Henry de Portugal son oncle fut mis dans le Throsne, où il regna iusques à la fin de sa vie. Dom Anthonio luy voulant succeder, en fut empesché par Philippes second Roy d'Espagne, qui pretendoit à la succession de cette Couronne, comme fils d'vne Infante de Portugal. Il mit donc vne grande armée sur pied, dont il donna la conduite au Duc d'Alue, qui viuoit disgracié en sa maison depuis son retour de Flandres, où pour sa trop grande rigueur il auoit si mal reüssi : Mais ce Roy (prudent qu'il estoit) plus desireux de faire cette nouuelle conqueste, qui le rendoit non seulement Monarque des Espagnes, mais puissant aux Indes Orientales, par amitié que par force, y employa la subtilité, & ne fit que monstre de la violence. Il enuoya donc le Duc d'Ossuna, & Dom Christoual de Moura, comme ses Agens, pour traitter auec les principaux du païs, leur representer son droict & ses raisons, & les esblouïr de promesses. Ils se comporterent si dextrement en leur negociation, & furent si magnifiques à promettre de grands auantages, soit en honneur, soit en biens à tous ceux qui se voulurent declarer pour leur Maistre, qu'en peu de temps & fort paisiblement ils le renditent paré de cette Couronne, dont il prit

Le subtil Refus.

vne pleine possession. Où entre autres traits de cette prudence, qui luy a acquis apres sa mort le tiltre de Prudent, on remarque qu'il s'habilla tousiours à la Portugaise, tant qu'il fut en Portugal, ne voulut iamais estre serui que par des Officiers Portugais, & leur fit si bien croire qu'il affectionnoit cette contrée, que plusieurs se persuaderent qu'il quitteroit le sejour de Madrit pour celuy de Lisbonne, & que de cette façon le Roy de Portugal deuiendroit Roy de Castille & de toutes les Espagnes. Quand donc il fut suffisamment estably, ayant toutes les forteresses en sa puissance, plusieurs de ceux qui s'estoient rangez à l'obeyssance, allechez par les promesses qu'on leur auoit faites, mesme par escrit, & qui estoient telles que pour les acquitter il eust fallu vendre le Royaume ; Ceux-là, dis-je, venans

B iij

en foule representer leurs seruices, & demander l'effet de ce qu'on leur auoit fait esperer, Philippes, plus fin que tous tant qu'ils estoient, remit le tout à ce Conseil qu'ils appellent en Castille de Conscience, mais de Conscience, diray-je Castillane ou Courtisane. Là tous ceux qui auoient de semblables polices remettoient leurs memoriaux portans instruction de leurs merites & seruices en l'occasion de la reduction du Portugal. Surquoy s'ensuiuit par la subtilité de ce Prince, qui en suggera le Conseil, vn memorable Arrest, portant que le Roy leur souuerain Seigneur, estant vray & legitime heritier du Royaume de Portugal, ainsi qu'il auoit fait voir, & qu'il estoit prest de faire paroistre à tout le monde, il n'auoit esté permis aux supplians, sous peine de crime de leze-Majesté, de s'opposer à la prise de possession de sa Majesté, ny mesme de la retarder sous l'esperance de faire leur condition meilleure, puisque c'estoit resister à l'Ordonnance de Dieu, qui veut que toute ame soit subjette aux puissances souueraines. Que si au contraire, Dom Anthonio estoit leur vray Roy, ils meritoient plustost chastiment que recompense de l'auoir si laschement abandonné, ou si traistreusement vendu. A raison dequoy le Roy Philippes n'estoit aucunement obligé à l'execution des promesses qui auoient esté faites sur ce sujet par ses Ambassadeurs & Agens. Mais qu'à ce commencement de regne sur le Portugal il vouloit tesmoigner sa clemence & sa benignité, en faisant vne entiere abolition de tous crimes, & principalement de celuy qu'auoient commis ceux qui auoient de cette façon capitulé auec ses Negociateurs, & tesmoigné en cela leur perfidie ou leur mauuais courage porté à la rebellion. Ainsi furent payez ceux qui auoient comme vendu leur pays, autant qu'il estoit en leur puissance, s'estimans encore trop heureux de pouuoir sortir de Castille, & reprendre l'air de Portugal vies & bagues sauues; subtilité ingenieuse & qui fit d'vn refus vne recompense. D'où nous apprendrons que les promesses de ce pays-là sont semblables aux pommes qui croissent au bord du Lac d'Asphalte, belles & grosses en apparence, du vent & de la cendre au dedans.

Le Stratageme du retranchement.

HISTOIRE III.

NE vous imaginez pas que ce soit icy vn Stratageme de guerre, & que ce soit quelque mine que l'on ait fait ioüer dans le retranchement d'vne ville assiegée. Il est icy question d'vn autre retranchement, qui pour estre vn peu ridicule n'en sera pas moins sanglāt ny moins tragique, puis qu'il en arriuera plusieurs funestes euenemens. Mais que peut-on esperer d'vn mauuais œuf, sinon vn mauuais corbeau? & d'vne vilaine cause qu'vn effect miserable? Le ruisseau peut-il estre clair d'vne source qui est troublée? Colmat demeura veuf en vn aage qui dispense les plus intemperans de téter vn second naufrage. Il auoit plusieurs enfans assez grands, & mesmes des filles prestes à marier. Neantmoins en cette vieillesse presque extreme il fut tellement tenté d'incontinence, qu'au lieu de recourir au remede institué de Dieu pour ceux qui ne peuuent viure en chasteté, craignant plus la mocquerie & la honte du monde, que les iugemens de Dieu, il s'adonna à la deshonnesteté, au grand scandale non seulement de sa famille, qui souffroit par respect ses imperfections, mais aussi de son voisinage. Car il entretenoit vne concubine non seulement sur le visage de ses filles, & à la veuë de ses garçons, mais deuant les yeux de tout le monde: En quoy certes il encouroit beaucoup plus de blasme que s'il se fust remarié, parce que la risée de ses secondes nopces eust peu duré, encore qu'elle euft efté injufte puis qu'il n'y a point de raifon de fe mocquer d'vn facrement fi honorable, fuft-il reïteré trois ou quatre fois, fans offenfer celuy qui en a efté l'inftituteur. A la fin le murmure deuint fi grand qu'il alla iufques aux aureilles de la Iuftice du lieu qui n'eftoit pas grand (car cecy fe paffa en vne petite ville affez voifine d'vn fleuue de noftre France, qui tire fon nom de la legereté de fa courfe.) Soit donc que fes propres enfans fuffent fous-main de la menée, fe voulans leuer cette paille de l'œil, foit qu'il euft quelque Officier de Iudicature qui fuft mal auec luy, foit que les voifins iuftement fcãdalifez de cette ordure ne la peuffent dauantage endurer, on preffa Colmat de fe défaire de cette miferable concubine, que nous ferons cognoiftre fous le nom d'Ediltrude:

mais comme il arriue ordinairement qu'vn abifme en appelle vn autre, Colmat s'aduifa de fe couurir d'vn fac moüillé, & de la faire efpoufer au fils d'vn Fermier qu'il auoit en vne meftairie voifine de la ville, auec intention de la voir quand il voudroit. De cette forte il ofta de deuant les yeux de fa ruë cette pierre d'achoppement, mais il agrandit fon peché par vn infame & puant adultere. Or foit qu'il s'apperçeuft que cette femme dont il eftoit fol tournoit toutes fes affections du cofté de celuy qu'il luy auoit donné pour mary, & qu'elle fupportaft fa prefence auec peine, il en deuint tellemét jaloux qu'il l'enferma dans vne chambre en fa maifon des champs, & ayant fait efcarter ce maty il empefchoit tant qu'il pouuoit qu'elle ne le vift. Le Fermier marry de voir ce diuorce forcé au mariage de fon fils, &

du retranchement.

d'estre frustré des seruices domestiques qu'il luy rendoit en son ménage & en son labourage, & d'autre part n'osant se retirer d'aupres de Colmat ny luy resister, parce qu'il luy mettoit le pain à la main & luy faisoit de grands biens à cause de cette infame & abominable pratique, s'aduisa d'vne ruse qui ne reüssit pas si heureusement qu'il pensoit. Ce fut de faire croire que son fils, à qui nous appliquerons le nom de Leuffroy, en faisant quelque effort s'estoit si demesurément greué qu'il falloit necessairement qu'il se mist à la taille & se fist retrancher. Cette nouuelle plut extremement au jaloux Colmat, & eust beaucoup plus despleu à Ediltrude si son beau-pere ne l'eust aduertie que par ce Stratageme d'vn feint retranchemét il osteroit la jalousie au vieillard, rappelleroit sans soupçon son mary auprés d'elle. Pour arriuer donc à leur but ils gaignent pour deux ou trois escus vn Chirurgien de village afin qu'il contrefist l'Operateur, & fist semblant de tailler Leuffroy, à condition toutesfois qu'il le laisseroit entier. Leuffroy se laissant attacher & criant de toute sa puissance comme s'il eust beaucoup souffert à la taille, soit que la mesche fust descouuerte, soit que la jalousie donnast de la deffiance à Colmat curieux des'éclaircir de la verité, il parle au Chirurgien, & auec six escus il tire de luy cette asseurance que Leuffroy estoit bien sain, mais que c'estoit vn jeu fait à plaisir. Alors auec cinquante escus d'or, comme autant de rayons du Soleil ramassez dans vn miroir ardant il vous esblouït mon Operateur, & luy donna le courage de faire veritablement ce qu'il ne deuoit operer qu'en ceremo-

du retranchement.

nie. Le faux vieillard contrefaisant le marri du desastre arriué à Leuffroy, promet au Chirurgien deuant son Fermier vne vingtaine d'escus s'il peut sauuer la vie à ce ieune homme, qui fut si sot que de se laisser attacher de pieds & de mains sur la table, & alors criant tant qu'il pouuoit afin que Colmat (qui auoit dit ne pouuoir estre present à ce spectacle) l'entendist; Il sera temps de crier, luy dit l'Operateur, quand ie te feray mal, mais non pas maintenant que ie ne te touche pas. Ouy, mais reprit Leuffroy, vous sçauez bien que ce n'est que par feinte: & moy, repartit le Chirurgien, ie n'ay pas accoustumé de me mocquer du mestier, ny que l'on me prenne pour vn Charlatan ou vendeur de theriaque. Et allant selon la promesse qu'il auoit faite à Colmat, il fit sentir des rasoirs actuels à Leuffroy, qui

trancherent les nœuds de son mariage, & qui au lieu de le guerir de la hargne, se rendirent vrayement hargneux. Il y appliqua soudain les appareils necessaires; de sorte que Leuffroy n'en mourut pas, mais sa vie demeura à couuert dans le retranchement lors que le siege de la place fut leué. Voila Colmat le plus content du monde, & qui fait reconduire le Chirurgien en seureté & bien recompensé: mais ce fut au pere & plus au fils à fulminer, & à Ediltrude à se desesperer. Action ridicule, mais sanglante, & qui dans son injustice a ie ne sçay quoy de iuste, si nous regardons la sottise du stratageme qui tomba sur le visage des autheurs à leur confusion. Mais si le front de cette histoire a quelque chose de comique, apprestez-vous à oüir vne catastrophe tragique, parce que Leuffroy desesperé

ré d'vn tel affront qui ne se pouuoit lauer que dans le sang de ceux qui auoient fait l'offence, se resout de mourir dans sa vengeance, & tout homme qui mesprise sa vie, estant maistre de celle d'autruy, il luy fut aisé de guetter l'Operateur & de le tuer sans mocquerie ; les cruautez qu'il exerça sur le corps du mort sont si effroyables, que i'ay horreur d'en ensanglanter ces pages. De ce pas il alloit se precipiter au trauers de mille dangers pour faire sentir vne semblable peine à Colmat qui en estoit le principal autheur, & la cause de sa douleur & de son infamie ; mais il fut saisi par la Iustice, qui l'attacha sur vne roüe, d'où il ne sortit pas à si bon compte que des mains de l'Operateur, mourant sous les coups de l'executeur public. Mais que deuiendra Colmat assailli de continuelles frayeurs, &

C

neantmoins plus attaché que iamais à cette miserable concubine, qu'il estoit sur le poinct d'espouser, pour se faire vn chappeau de ses propres ordures, lors que cette femme deuenuë amoureuse d'vn autre ieune homme, crut ne pouuoir sortir des mains de ce vieillard passionné, qui la tenoit prisonniere qu'en l'empoisonnant : Elle luy donna donc vn breuuage, dont le venin fut si present, qu'aussi-tost il se sentit pris, & se doutant d'où il venoit, il saisit à la gorge cette malheureuse, & luy ayant fait croire qu'il luy pardonneroit si elle luy disoit la verité, afin qu'il y remediast de bonne heure par vn antidote, elle luy confessa sa faute, & comme l'on alloit querir de la contre-poison il expira. Ses enfans heritiers de ses biens, ne le furent pas de pardon : car ayans remis cette infame creature au pouuoir de la Iustice, elle suiuit son mary, passant par les mains du Maistre des hautes œuures. Outre la joyeuseté du Stratageme, qui pourroit secher les larmes d'Heraclite, on voit en toutes les fureurs suiuantes vne iuste punition de Dieu sur ces infames crimes de concubinage & d'adultere; & que ceux qui abusent des choses sacrées perissent pour l'ordinaire mal-heureusement.

Le Titre.

HISTOIRE IV.

PArmy les Estrangers c'est vne inciuilité non seulement grossiere, mais qui est tenuë pour mespris & pour affront, que de parler à quelqu'vn sans le qualifier de son tiltre : Le vous de noſtre langue c'eſt le toy pour eux. Or commé nous ne diſons toy, & ne parlons que par toy qu'à des valets ou des perſonnes de condition abjecte ; auſſi ne traicte-t'on de vous principalement en Italie & en Eſpagne que les gens de peu. Et le Roy d'Eſpagne pour marque de ſa ſupreme grandeur traicte de vos tous ſes ſubjets en la meſme façon que les Lettres du Roy commandant à des Sergens, ſont conceuës dans les termes de toy. Noſtre langue donc, auſſi bien que noſtre humeur, a cela de libre, que nous diſons vous à tout le monde, & meſme parlant au Roy on n'vſe pas touſiours du titre de Majeſté. Vous allez ſçauoir à quel propos i'ay auancé ce peu de lignes. En Eſpagne, où la Pragmatique des titres eſt exactemét & rigoureuſement obſeruée (car en

Italie ils sont prodigues iusqu'au desordre) on ne donne iamais de la Seigneurie à celuy qui ne doit auoir que de la Merced, & la Seigneurie simple est differente de la tres-illustre ou tres-reuerende, selon la qualité des personnes. La reuerence & la paternité entre les Moines, & mesmes la fraternité ou charité ont vne notable difference. Quant à l'Excellence elle ne se donne qu'à ceux qui sont *de los grandes*, & l'Altesse aux seuls Princes du sang, comme la Majesté au Roy & à la Reyne. Au temps donc que nous auons marqué icy deuant de la prise de possession du Royaume de Portugal par Philippes second Roy d'Espagne, le Duc de Bragance, qui estoit de la Maison Royale, & dont la Maison est si grande & si puissante, que l'on tient que le quart des Gentils-hommes Portugais sont de ses vassaux, obtint du Roy de grands priuileges au dessus des Grands du Royaume mesme : Comme de parler non seulement couuert au Roy, ce que font tous les Grands, mais encore assis, & que tous les autres Grands luy cedassent dans tout l'Estat, en toutes rencontres, disputant mesme pour le titre d'Altesse qu'il pretédoit d'auoir, comme estant du sang de Portugal ; cettui-cy auoit encore sa mere, vieille Dame, & Portugaise, c'est à dire qui encherissoit sur la vanité des Castillans. Comme elle estoit caducque & extremement incommodée, elle ne pût quitter sa maison pour venir saluer le Roy, laissant ce compliment à faire à son fils : Sa Majesté pour l'obliger l'enuoya visiter par vn ieune Seigneur de la Maison de la Cerda, lignage des plus illustres de Castille, & qui mesme pretend au Sceptre, au cas que la Maison d'Auſtriche vint à manquer d'heritiers. Cettui-cy qui n'eſtoit pas chef de ſa Maiſon, & qui ne pouuoit eſtre traitté que de Seigneurie illuſtriſſime, parce que l'excellence n'appartient qu'aux Grands, & à ceux qui ont droit de ſe couurir deuant le Roy, fût voir cette Dame de la part de ſa Majeſté, & ne la traittant que de Grande d'Eſpagne, ne luy donna que de l'Excellence, encore qu'il luy fiſt des complimens de la part du Roy fort obligeans, & que ſa Majeſté la tenoit pour ſa bonne parente : Cela faſcha vn peu cette Dame, qui iugeant qu'à cet abord ſe deuoit diſputer ce Titre, qui deuoit diſtinguer ſa Maiſon d'auec les autres grandes de Portugal ; toutefois elle penſa que ce Seigneur parlant de la part du Roy comme Ambaſſadeur, ſe diſpenſoit peut-eſtre de cette cere-

C iiij

monie en cette qualité, & que le Roy auroit traitté son fils de mesme titre, & non pas de *vos*. Mais d'autre costé voulant respondre à ce Seigneur, elle se trouua fort entreprise, parce que n'estant pas Grand, elle pensoit de ne le traitter pas d'Excellence, de l'autre le regardant comme Ambassadeur, elle croyoit luy deuoir donner ce titre ; retenuë d'vn autre costé elle se retint, iugeant qu'il n'estoit pas à propos de le traitter du pair auec elle, estimant estre infiniment plus que luy ; de luy donner aussi de la Seigneurie elle craignoit de l'offenser, elle s'auisa de parler en sorte qu'elle ne fist que des exclamations, comme Iesus ! est-il possible ? Ha ! Seigneur Comte ? *Ay de mi Caualiero* ? & autres termes de personne tierce, qu'entendent bien ceux qui sçauent la langue ; & de cette sorte se passa cette visite, sans que ce Seigneur euſt aucun titre ny trop haut dont il ſe peuſt glorifier, ny trop bas dont il ſe peuſt plaindre. Quand il fut de retour auprés de ſa Majeſté, & qu'il luy voulut faire la relation de ſa Commiſſion ou Ambaſſade, le Roy qui auoit ouy parler de la vanité de cette vieille Ducheſſe, doüairiere de Bragance, l'enquit fort particuliere-mét comme il l'auoit traittée, & de quel titre elle l'auoit traitté : car c'eſt ainſi qu'ils parlent en matiere de ti-tres, traittement creux & où l'on maſ-che à vuide, & qui ne ſont pas ſembla-bles à la chere Françoiſe ; Seigneur, reprit le Comte, ie l'ay traittée d'Ex-cellence, ſelon l'ordre & le comman-dement que i'en auois de voſtre Ma-jeſté, & bien qu'elle trouuaſt ce titre trop bas, elle s'en eſt neantmoins ſa-tisfaicte, quand elle a conſideré que c'eſtoit voſtre Majeſté qui luy parloit par ma bouche, & elle s'est imaginée que vostre Majesté traitteroit le Duc son fils de mesme façon, & qu'elle ne luy diroit pas cóme aux autres Gráds, couurez-vous tel ; mais ainsi, Duc de Bragance, que vostre Excellence se couure : Mais quand au traittement qu'elle m'a fait, vostre Majesté s'en doit contenter : car quand i'eusse esté Ambassadeur de Dieu, elle ne m'eust pas donné vn plus grand titre : car elle m'a traitté de *Iesus senor de Valgamedios*, & de tant d'autres exclamations, que vous eussiez dit qu'elle me prenoit, sinon tout à fait pour vne Diuinité, au moins pour vn Ange. Le Roy tout serieux qu'il estoit, pensa perdre toute sa grauité au rapport de cette Ambassade, & mal-gré le *Sossiego*, il fut contraint de rire. Peut-estre me dira-t'on que ie fais vne Histoire, & que ie gaste du papier pour peu de chose : mais outre, que qui voudra considerer le titre de ce Liure, verra que ie ne l'ay tracé que par vn pur diuertissement d'esprit à des heures perduës ; ie supplie le Lecteur de faire reflexion sur la niaiserie de cette femme, & de considerer la sottise des grandeurs du monde, & que les plus Grands y sont comme des nuées qui volent, & sont battus des vents ordinairement sans les eaux de la grace;& comme les enfans voyent dans les nuées des geans, des armées, des chasteaux & des cheuaux, que l'air en fin dissipe ; il en est de mesme des folies du monde, où tout n'est que vanité : Ce qui a fait dire à l'Apostre que le monde passe & sa conuoitise, & encore la figure de ce monde ne fait que passer : Et de plus, il nous admoneste de mespriser les Genealogies, & en suitte les titres & les rangs. Certes comme le souuerain remede contre la morseure du Scorpion, c'est de l'ecraser sur la playe qu'il a faite, & comme la Vipere reduite en poudre & aualée sert d'antidote à son venin : aussi ne vois-je point de plus salutaire contre-poison de la vanité du monde, que de la considerer en elle-mesme, & de cognoistre que tout ce qui reluit n'est pas or, & que les titres dont les hommes sont si desireux, ne sont que des chimeres, des idées, des fumées, & comme dit le Psalmiste, de fausses folies. Encore la franchise & la liberté de nostre nation est-elle heureuse de n'estre point en son langage & en ses conuersations sujette à ces sottes Loix, qui sont autant d'entraues d'esprit, autant de freins & de camorres à la langue. Nostre *vous* est vn brodequin d'Hercule qui se chausse à trois pieds, & qui esgale les plus

grands aux moindres. Ie sçay que les
Estrangers nous en blasment comme
de grossiereté, mais heureuse la simplicité comme celle des Suisses qui
conserue la liberté. Liberté la plus
desirable, & le plus precieux bien de
la vie.

LE GENEREUX
Conserué.

HISTOIRE V.

Villelme de la Maison de Furstemberg, des plus illustres de la Prusse, de Cheualier & puis Commandeur Theutonique, deuint en fin par son merite Grand Maistre de tout l'Ordre des Theutons, qui est fort signalé en Allemagne, & où s'enroolle vn grand nombre de Noblesse signalée. Cette grande Maistrise luy acquit aussi-tost des richesses immenses, dont il n'abusoit pas, les employant tant à la splendeur de son Ordre, que pour le seruice des armes Chrestiennes contre les Infidelles, selon l'institut des Cheualiers Theutoniques. Il arriua de son temps que le grand Duc de Moscouie fit vne entreprise sur la Liuonie, & à ce dessein leua vne grande armée, qui vint fondre tout à coup sur cette Prouince, & porter la desolation par toute la campagne. Ceux qui se trouuerent dans les villes & les lieux forts se sauuerent de cette premiere impetuosité : Cela fait, les Moscouites se mirent à assieger des places, dont ils en prindrent quelques vnes par force, d'autres par composition. A la fin ils vindrent à la ville de Velin, assez bonne de murailles, mais qui auoit vn chasteau assis sur vn haut rocher estimé imprenable: Là se trouua pour sa deffence le grand Maistre des Theutons, qui aprés auoir soustenu vn assez long siege, & veu les murailles foudroyées de canons, iugeant que la ville n'estoit plus tenable, il l'abandonna pour se retirer dans le chasteau auec tout ce qu'il y auoit de plus precieux dans la ville, & toutes les munitions qui y estoient. La ville ainsi laissée fut aussi tost mise à sac par les Moscouites, mais les ruines en tomberent sur leurs testes, car greslez de canonnades qui pleuuoient du chasteau, & qui les commandoit & battoit à plomb, cette prise leur fut plus dommageable qu'vtile. Le General de l'armée s'obstina deuant le chasteau, & le voulut emporter, sinon d'assaut, au moins par famine; tant de gens s'y estoient retirez, que les viures

ne leur pouuoient pas beaucoup durer. Ce que preuoyans quelques soldats mal contens & mutinez, ils s'auiserent d'vn monopole pour sauuer leurs vies & se faire riches : Ils sçauoient que le grand Maistre auoit amassé de grands biens tous enfermez en ce chasteau, qui estoit la meilleure de ses places, & qu'à cause de cela il ne se rendroit iamais à composition & leur feroit souffrir toutes extremitez : A raison dequoy ils se faisissent de luy & des principaux Chefs, les lient tous, & les mettent en prison, & puis vont faire leur capitulation auec le General des assiegeans, promettans de sortir desarmez, pourueu qu'ils eussent les vies & bagues sauues. Cet accord fait & signé au nom de Vuillelme, dont ils se disoient auoir charge, ils troussent leur bagage, emportent tous les tresors du Grand Maistre, &
s'en

s'en vont : au sortir on leur demande où estoit le Grand Maistre, ils respondent qu'il estoit malade, & qu'ils croyoient que selon le traicté, on luy donneroit vn saufconduit, ce qui fut approuué. Entrez que furent les Moscouites dans la place, ils trouuerent Vuillelme auec ses principaux Chefs garrottez dans des prisons, & apprindrent d'eux la trahison que leurs soldats leur auoient faite, sans autre dessein que de butiner tous leurs biens. Cette lascheté despleut tellement au General des Moscouites, qu'il fit courir apres les fuyards, qui allans lentement à cause de leur bagage, furent attrappez & mis en pieces, & le butin qu'ils emmenoient estant conserué le mieux que l'on pût, fut rendu au Grand Maistre & à ses Chefs suiuant les articles de la capitulation, dont ils jouyrent, & non pas les lasches & vo-

D

leurs qui l'auoient faite. Exemple qui nous fait voir que la trahisõ est odieuse, & la generosité recommandable aux ames les plus barbares; & selon ce beau mot du grand Stoïque, que la vertu ne laisse pas d'estre admirée de ceux qui ne la suiuent pas, pourueu qu'elle leur apparoisse auec ses graces & ses beautez, qui luy sont comme essentielles. Et puis le Moscouite chastiant la perfidie dans les soldats de ses ennemis, faisoit aux siens vne leçon de loyauté, rien ne nous chassant si fort du costé d'vne vertu que l'horreur ou la punition du vice qui luy est contraire.

La prompte Repentance.

HISTOIRE VI.

Es soldats Espagnols sont fidelles, & quoy que mal payez, ne passent iamais au party contraire; mais ils ont cette mauuaise coustume, & tres-dangereuse en faict de police militaire, de se mutiner & cantonner en certain lieu, d'où ils ne sortent point, quelque occasion qui se presente de rendre seruice, que ils ne soient satisfaits. Lors que la guerre estoit entre les François & les Espagnols au Royaume de Naples, & qu'Alfonse, Marquis du Guast, qui estoit vn grand Captaine, y commandoit pour le party d'Espagne, il se fit vne grande mutinerie dans son armée à faute de payement. Vn soldat appointé, nommé Salsede, qui auoit esté mal-traitté par vn Maistre de Camp, appellé Dorbin, & qui luy vouloit mal de mort, ayant quelque accez au General, luy souffla dans l'oreille que Dorbin estoit aucunement cause de la sedition : Le Marquis qui ne croyoit pas legerement les rapports, & qui auoit Dorbin en bonne estime, demanda à Salsede s'il auroit bien l'asseurance de luy soustenir cela en face. Salsede eust perdu mille vies plustost que de se dédire de cette parole, encore qu'elle fust fausse, & fondée sur vn iugement temeraire. Ayāt donc promis au General de luy soustenir cela en presence, le lendemain du Guast trouuant Dorbin auec quelques autres Chefs, & les consultant sur les moyens d'accoiser la mutinerie des soldats ; Ie n'en sçay point d'autre, repartit Dorbin, que de leur payer sinon toutes leurs monstres, au moins vne partie. Ce discours, reprit le Marquis, me fait aucunement soupçonner que ce que l'on m'a dit de vous est veritable. Seigneur, repartit Dorbin, on ne vous peut auoir rien rapporté de moy de plus veritable, que de dire que ie suis tres-fidelle à mon Roy & à vostre Excellence. C'est bien le contraire, repliqua le Marquis, car on m'a dit que cette mutinerie est de vostre conseil. Alors Dorbin, qui estoit innocent de cette rebellion, sortant hors des gonds par vn excez de colere, sauf le respect de son General, prononça vn démenti contre le rapporteur, & dit que c'estoit vn traistre, & qui n'oseroit le luy maintenir. Alors le Marquis monstrant Salsede, Voila le personnage, dit-il, & ie le tiens par trop homme de bien pour auancer vne fausseté. Alors la rage saisissant Dorbin, sans songer où il estoit, ny ce qu'il faisoit, ny aux loix de bien-seance & de la guerre, tirant son espée vint furieusement côtre Salsede, qui n'osant tirer la sienne deuant le Marquis se mist à fuyr, & Dorbin de le suiure, & le Marquis tirant la sienne, de suiure Dorbin pour le chastier de son outrecuidance, d'auoir osé deuant luy commettre vne insolence punissable de mort par toute discipline militaire : Dorbin se retournant, & voyant le Marquis à sa queuë, prest de luy cacher l'espée dans les reins, se iette à quartier, & se mettant à genoux prit son espée propre par la pointe, & en offrant la garde au General ; Monseigneur, luy dit-il, prenez cet estoc & m'en percez le cœur, qui a esté si impudent que de perdre le respect deuant vostre Excel-

lence. Cette prompte penitence, que
le Marquis n'attendoit pas, l'arresta
tout court, & embrassant Dorbin,
luy pardonna sa faute, qui procedoit
pluftoft d'aueuglement de colere que
de malice, & le continua en sa charge. Quand la mutinerie fut accoisée
l'innocence de Dorbin se iustifia
pleinement, & luy-mesme sauua la
vie à Salsede demandant sa grace, car
le Marquis le vouloit faire passer par
les armes, comme vn calomniateur:
Ce fut toutefois à condition qu'il seroit cassé, & renuoyé auec ignominie, comme indigne de porter iamais vne espée, afin que la vie luy
fust desormais à charge, & vne continuelle penitence de sa temerité.
Cependant si nous faisons vn peu
d'arreft sur la soudaine recognoissance de Dorbin, reuenant en vn instant à son deuoir, nous trouuerons

qu'il n'y a point de penitence plus efficace ny plus agreable que celle qui se fait promptement. La plante remise aussi-tost qu'elle est arrachée reprend facilement, & l'os remis en sa place aussi-tost qu'il est cassé, se rejoint aisément, la chandelle qui fume encore estant incontinent rallumée. O que c'est vne bonne chose de ne croupir gueres dans le peché, mais de s'en releuer au premier son de cette diuine voix! Ieune homme ie te dis leue toy; car quand vne fois nos playes s'enuieillissent dans leur pourriture & corruption par nostre negligence & pure folie, il est mal aisé de les guerir, si Iesus ne pleure & ne crie à haute voix, Lazare vien dehors.

L'Escurial.

HISTOIRE VII.

IL faut aduoüer que l'Escurial est le plus beau & le plus admirable Monastere du monde : Ie dirois maison Royale, si le Prouerbe n'estoit point veritable, que le Roy y est logé en Moine, & les Moines y sont logez en Roys. A vostre aduis, trente millions d'or que Philippes second du nom y a despensez, est-ce dequoy faire vne superbe & pompeuse maison ? Quarante ou cinquante Cloistres, où vous ne voyez que marbre, or & azur, & les plus exquises peintures de l'Vniuers, est-ce quelque espace assez grand ? Il faut que ie confesse que l'an 1624. lors que i'y fus, ie me plaignois d'auoir trop peu de deux yeux pour contempler tant de merueilles. Pour en faire vne digne defcription il faudroit vn volume, & ie n'ay entrepris de raconter icy que deux ioyeufetez feulemét; iugez du Lyon par cet ongle. Le Tabernacle où repofe le fainct Sacrement fur le grand Autel, eft eftimé quinze cens mille efcus, & la ftructure du grand Autel cinq cens mille efcus; fi bien qu'entrant à l'Eglife, vous auez de premiere face deux millions d'or denant les yeux, fans parler des deux fepultures de l'Empereur Charles cinquiéme, & de Philippes fecond, toutes de pierres fines & precieufes, d'ineftimable valeur, qui accompagnent les deux coftez de l'Autel. Ie ne dis rien de quarante autres Autels qui font en l'Eglife, ny des ornemens de la Sacriftie, qui n'ont point leurs pareils au monde, ny de la Bibliotheque, qui ne se peut estimer, ny des reuenus immenses, ny des fontaines, ny des delices, ny des embellissemens, me contentant de ce mot, que Philippes second fut vingt-deux ans à bastir cet edifice, & n'y espargner rien. C'estoit son diuertissement ordinaire : car comme il estoit accablé de gouttes & d'affaires, (car de son cabinet comme vn autre Archimede il remuoit tout le monde) il n'auoit point de plus agreable passetemps que de voir ses ouuriers, & de faire tous les iours quelque ajencement nouueau. Vn iour donc qu'il se faisoit porter dans sa chaire selon sa coustume parmi ce grand ouurage, il prenoit plaisir à deuiser des desseins de son bastiment auec vn Grand de Portugal nouuellement arriué à sa Cour. Le Portugais luy dit, Seigneur, il me semble que voſtre Majeſté ſe donne bien de la peine, & fait de grandes deſpenſes pour faire vne belle cage à des Moines. Alors ce Prince qui eſtoit fort ſerieux, luy raconta que ce n'eſtoit point à des Moines, mais à Dieu, à qui il baſtiſſoit vne maiſon (paroles que Dauid dit autrefois en faiſant les appreſts pour baſtir le Temple de Hieruſalem) & qu'il croyoit ne la pouuoir faire aſſez belle, en penſant à la grace qu'il auoit receuë de Dieu en la victoire qu'il luy auoit donnée au iour qu'il en fit le vœu. Et de ſuitte, il luy fit le recit de la bataille de Sainct Quentin, qu'il auoit donnée contre Henry ſecond du nom, Roy de France, où il s'eſtoit veu reduit en telle extremité, qu'il auoit eſté contraint de ſe ietter entre les mains de Dieu, & de luy faire vœu & à ſainct Laurens (car ce fut au iour

L'Escurial.

de la feste de ce glorieux Martyr que cette bataille fut donnée) de faire vne grande fondation s'il luy donnoit l'auātage par l'intercession de ce Sainct, & qu'ayant remporté la victoire il s'estimeroit ingrat d'vn si grand bienfait s'il ne taschoit de le recognoistre selon les moyens que Dieu luy donnoit. Apres ce discours il luy demandoit s'il estmoit qu'il se fust dignement acquitté de son vœu. Le Portugais ayant dit à sa Majesté des paroles de joye & d'aplaudissement, se retournant vers vn Seigneur Castillan qui estoit auprés de luy, luy dit tout bas, En verité, celuy qui fit vn tel vœu deuoit auoir vne grande peur: Cela a. plus de grace en la langue; *Vallamedios que hizo vn tal bodo, tenia on gran miedo*: Cela ne fut pas dit si secrettement que la Cour n'en fust abreuuée, & vint mesmes aux oreilles du Roy, qui trouua cette repartie de bonne grace. Il me souuient que lors que i'y estois on nous monstra tout ce qu'il y auoit de rare auec beaucoup de courtoisie, & nous traitta-t'on magnifiquement, & nous fit-on ce recit en parlant de l'Excellence de cette Royale Maison. Vn Seigneur Grenadin estant venu à Madrit soliciter quelques affaires qu'il auoit à la Cour, fut inuité par le grand rapport qu'on luy faisoit des merueilles de l'Escurial de l'aller voir, n'en estant qu'à sept lieuës. Il y alla donc, & estant arriué deuant cette grande façade qui est à l'entrée où toutes les regles de l'Architecture sont obseruées auec perfection, & ayant passé ce grand portique qui le mit dans ce grand paruis, qu'ils appellent la Cour des Rois, *el patio de los Reyes*, à cause que l'on voit sur le portail de l'Eglise les statuës des Rois d'Israël qui ont le plus contribué à la fabrique du Temple de Syon, il s'arresta, & rauy en admiration de cette merueilleuse perspectiue il tourna visage & sortit promptement. Comme ceux de sa suitte brusloient de desir d'aller plus auant à la veuë de tant de merueilles, il leur dit qu'il s'en vouloit retourner à Madrit. Quoy Seigneur, luy dirent-ils, estre venu de si loing & estre arriué si prés de tant de miracles de l'art & de la nature & ne les voir pas, n'est-ce pas ou vn mespris insupportable ou vne negligence signalée, ou vne mortification sans exemple, ou vn regret extreme? Qui voudra mourir, repliqua-t'il, aille plus outre, pour moy ie n'y suis pas resolu, ie veux conseruer ma vie. Coment mourir, repartirent-ils, à la veuë de tant de rares merueilles capables de resusciter les morts, mais pluftoft n'eſt-ce pas pour en mourir de les auoir approchées ſans les conſiderer & en repaiſtre ſes yeux? D'autres voyent, repart-t'il, mais pour moy qui ay penſé paſmer à la veuë du frontiſpice & à la conſideration de la ſeule entrée, ie ne croy pas auoir aſſez de force pour voir ſans mourir tant de choſes glorieuſes & precieuſes que l'on nous a dites de cette Maiſon, pluſtoſt Diuine que Royale; i'en veus faire comme de celles du Ciel, les croire ſans les voir. Celuy qui nous raconta ce Dialogiſme eſtoit vn Eſpagnol, qui le diſoit ſi ſerieuſement & ſans rire, qu'on l'euſt offencé, comme ie croy, d'en douter: & de faict il fit retourner ſon homme à Madrit ſans voir ce Paradis de la terre : que ſi ſes ſeruiteurs le virent ſans n'ourir, c'eſtoit, ce diſoit-il, parce qu'ils n'eſtoient pas capables d'en conceuoir,

ny

L'Escurial.

ny mesmes d'en admirer les excellences, en iugeans comme des aueugles des couleurs, & comme les taupes du Soleil & des Astres. A qui cognoistra l'humeur Espagnole, & l'extreme estime qu'ils font de leurs coquilles, ne trouuera rien d'impossible en l'extrauagance de cette action. Pour moy mon ame ne trouue rien de difficile à croire de ce qui regarde la plaisante vanité de cette nation, qui est encore plus grande qu'on ne la sçauroit dire. Apres tout, i'arrondis mon cercle & reuiens à mon premier poinct, qui est, que selon mon iugement, l'Escurial est le plus beau Conuent de la terre.

E

Les Horoscopes.

HISTOIRE VIII.

MARCEL, fils de Richard Ceruin, nasquit à Fano en Italie, & son pere qui se delectoit fort à la science des Astres, ayant plustost par plaisir, que par curiosité de sçauoir l'auenir, tiré son Horoscope, trouua selon les regles de l'art, que cet enfant arriueroit vn iour à de grands honneurs en l'Eglise. Il fut esleué aux bonnes lettres en l'Vniuersité de Sienne, qui estoit alors des plus florissantes qui fussent en Italie. La bonté & la fertilité de son esprit luy donnoient vn grand aduantage sur tous ses compagnons; mais ses mœurs douces, modestes & continentes, le rendoient encore plus recommandable. Ayant passé quelques années apres ses estudes en vne vie tranquille, studieuse & retirée à Montepulcian, d'où estoit son pere (car il estoit né à Fano lors que son pere y estoit en charge sous Alexandre sixiesme, qui luy auoit donné cet employ) estant l'aisné de sa maison, & doüé de grandes vertus, il fut desiré pour gendre de plusieurs des principaux de son pays, mais il refusa toutes ces occasiós, disant agreablement, & sans y adjouster beaucoup de foy, que les Astres luy promettoient vne meilleure fortune qu'vne femme. Et de faict, pour secoüer ces liens qu'on luy tendoit de diuers costez, il sortit de son pays & s'en alla à Rome en la compagnie de quelques Ambassadeurs de Florence qui alloient se réjoüir auprés de Clement septiesme, de la maison de Medicis, de son éleuation au souuerain Pontificat. Là il fut cogneu du Pape, auec qui son pere Richard auoit autrefois eu particuliere amitié, & sa Sainctecté ayant gousté son esprit, l'employa à de signalées occasions. Il accompagna deux fois le grand Cardinal Farnese, qui depuis fut Pape sous le nom de Paul troisiesme, en des Legations vers l'Empereur Charles cinquiesme : la premiere fois estant Protonotaire Apostolique, du nombre des participans ; & la seconde estant Euesque de Castronouo ; depuis estant Nonce en Flandres, bien qu'absent, il fut honoré du chappeau de Cardinal, & reuenu de sa Nonciature il fut fait Euesque de Reggio. Il fut en suitte auec les Cardinaux de Monte & Polus, Legat du sainct Siege, President au Concile de Trente, où son courage parut à resister aux Ambassadeurs de l'Empereur, non moins que sa prudence & son sçauoir en la conduite des affaires, & en l'esclaircissement des questions proposées. Iules troisiesme, successeur de Paul troisiesme, fit aussi beaucoup d'estat de ses conseils, & tient-on qu'il l'empescha de donner la Duché de Camerin en souueraineté à ses nepueux, & qu'il fut cause du Decret, que nul Pape ne pouurroit desormais aliener aucune piece du patrimoine de S. Pierre, & que non seulement tous les Papes en leur esletion, mais encore tous les Cardinaux en leur promotion iureroient l'obseruation de ce Decret. Que s'il estoit reuoqué par quelque Pape d'authorité absoluë, & que de pleine puissance quelque donation ou alienation fust faite, elle ne peust estre valide qu'estant ratifiée par trois Pontifes suiuans, & le consentemét de tout le College des Cardinaux. Iules estant mort, il fut esleué au Pontificat sans contradiction d'aucune voix; & ainsi s'accomplit la prediction de son Horoscope, dont l'ascendant luy promettoit la souueraine dignité de l'Eglise. Mais ce grád Astre disparut bien-tost, & sembla ne s'estre monstré que pour faire regretter sa perte, pour les gran des esperances que sa science, sa vertu & tant eminentes qualitez, qui le rendoient recommandable, faisoient conceuoir de son gouuernemét. En peu de iours qu'il tint le gouuernail de l'Eglise, il fit voir le modele d'vn parfaict Pontife, comme l'on peut voir dans les Escriuains de sa vie. Voila pour le premier Horoscope, venons au second.

Vn grand & signalé Cardinal de nos iours, affligé d'vne longue & importune maladie qui le minoit peu à peu, & le menoit pas à pas au tombeau, apres que les Medecins virent leur art & leurs remedes vaincus par l'obstination du mal, dont mesmes la pluspart ignoroient la veritable cause, s'auiserent de leur refuge ordinaire, qui est d'enuoyer aux eaux ou aux baings, où se font tous les iours tant de merueilles, qu'il semble que ce soient aussi-tost des resurrections que des guerisons. Ie ne sçay quel homme adonné à l'Astrologie, & qui hantoit chez le Cardinal, ayant tiré son Horoscope, oyant le conseil des Medecins qui enuoyoient à de certains baings ce tres-vertueux Prelat, s'opposa fort à ce dessein, & asseura par les regles de son art qu'il mourroit aux baings, & qu'il les deuoit euiter comme le cercueil. Le Cardinal qui se mocquoit de ces predictions Astrologiques, & qui mesme auoit en horreur le nom de la Iudiciaire, desdaigna cet aduertissement, encore que l'autre, qui estoit fort attaché à son seruice, fist de grandes instances au contraire, le Cardinal se met en littiere, & à petites traittes, selon les relasches que son mal luy donnoit ou allant ou demeurant quelques iours en diuers lieux, s'acheminoit ainsi doucement vers les baings. L'Astrologue le suiuoit, criant tousiours & le priant de n'aller point aux baings, parce qu'il y estoit menacé de mort par la mauuaise influence de son Estoille. Le Cardinal se rioit de luy comme d'vn plaisant à qui les Astres eussent fait tourner la ceruelle. Et tantost seiournant en de bonnes villes, tantost dans les maisons de ses amis qui se trouuoient en son chemin, se hastoit tout bellement, selon

le conseil de Cesar. A la fin, soit que
le mal l'affligeast, soit que le chagrin
luy donnast des réueries, l'auis de cet
Astrophile luy frappa l'esprit, & luy
donna ie ne sçay quel mauuais augure. Il s'arresta assez long-temps en vne
bonne ville, où il logea en la maison
d'vn Prelat de ses amis, & s'y trouuant
bien, il arresta le cours de son voyage, luy estant aduis que l'air de ce climat luy seroit salutaire. Mais en fin
sa maladie se redouble, faute d'auoir
suiui l'aduis des Medecins, parce que
les baings luy eussent apporté du soulagement, & il finit en ce lieu là fort
sainctement le courant de sa vie.
Estant ouuert apres sa mort, on descouurit la veritable cause de son mal,
& tient-on que les baings luy eussent
esté fort salutaires, plusieurs y estans
gueris attaints de semblable incommodité. De là à belles inuectiues con-

tre l'Astrologue, qui auoit empesché ce bon Seigneur de courir à son remede : mais il se trouua que le tres-illustre Prelat chez qui il estoit mort, portoit le surnom des Baings, & que de cette sorte le faiseur d'Horoscope auoit en quelque sens predit la verité.

Il y a quelques années, au premier voyage que ie fis à Rome, qu'estant vn iour de Consistoire au Palais du Pape, nous y aprismes la nouuelle de cette mort auec cette remarquable circonstance. Ce n'est pas mon dessein en ces narrations, qui ne sont faites que pour reprensenter des euenemens, de m'espandre sur des discours generaux, selon les occasions qui se presentent à chaque pas de faire des digressions : Ie me contente seulement de donner en passant des attaintes au vice qui soient viues & présantes, & de ne laisser point passer des actes de vertu sans les remarquer, & en faire cognoistre l'excellence & la beauté. En ce sujet des Horoscopes il y auroit beaucoup à raisonner, & pour, & contre; & apres tout, il en faudroit dire comme de la Poësie & de la Musique, que c'est vne douce erreur, & vne vanité agreable, & qu'il en faut faire comme cet Ancien disoit de la Philosophie, en gouster, mais non pas s'en saouler. La cognoissance du cours des Astres est vne belle chose, & il est mal-aisé de contempler le Ciel & sa beauté sans acquerir vn certain mespris des choses de la terre, selon le sentiment de S. Ignace de Loyola, qui auoit de coustume de faire cette aspiration, O! que la terre me semble abjecte, quand ie contemple le Ciel. Mais de changer les Estoilles en caracteres, qui marquent les destins, & de croire que toutes les actions & les fortunes des particuliers sont escrits dans ce grand Liure, où l'on ne lit que la nuict, c'est vne si expresse folie que la reciter, c'est la refuter.

Le Fantosme.

HISTOIRE IX.

Ette nouuelle est si fraische qu'il n'y a que peu de iours que le principal personnage a rendu au cercueil le tribut que luy doit toute chair. L'object posé sur le sens & sans aucune distance pour exercer sa fonction luy oste le discernement ; les choses qui arriuent à nos portes sont beaucoup moins remarquées que celles qui nous viennent de loing. Il en est des occurrences comme des fleurs, les estrangeres sont plus estimées, non pour leur prix, mais pour leur rareté, que celles qui croissent dans nostre terroir. En cette capitale de nos Gaules, de qui la grandeur marque assez le nom, chez vn homme de la robbe que l'on appelle longue, c'est à dire de Iudicature, vn Fantosme effroyble apparut plusieurs fois durant la nuict, tantost à ses Clercs, tantost à ses seruantes. Or tous les Fantosmes qui apparoissent à cette sorte de gens durant les tenebres, ne sont pas tousiours de purs esprits sans chair & sans os, ce qui rend ces apparitions vn peu suspectes aux Maistres & aux Maistresses, & leur ouure les yeux sur les deportements de cette ieunesse, afin qu'il ne se passe rien que d'honneste dans leurs mesnages.

Or c'estoit dans la chábre des Clercs principalement que ce spectre se faisoit voir assez souuent, & espouuentoit de sorte ces pauures garçons, que ils en estoient demy transis, & comme transportez. A quoy le maistre iugea que leur peur n'estoit pas feinte. Il estoit homme resolu, & craignant Dieu, surquoy il se determina de s'esclaircir de ce que se pouuoit estre. Il voulut passer vne nuict en cette chambre, où sa femme n'auoit garde de l'accompagner, ayant fait tout ce qu'elle auoit peu pour l'en destourner. Il y fait faire son lict, y prepare des chandelles & des liures, delibere de l'y passer en cet exercice, sinon que le sommeil l'assoupist. Il donna aussi ordre que l'on veillast en la chambre de dessous, qui estoit la sienne, & qu'au moindre bruit qu'il feroit remuant vne chaire, on montaſt auſſi-toſt, & qu'on allaſt à luy. Nonobſtant tant de veilles & de ſentinelles, vne heure apres qu'il fut couché, lors qu'il liſoit dans vn liure, le Fantoſme ne laiſſa pas de paroiſtre: C'eſtoit vn grand homme de ſa meſme robbe, d'vne hauteur demeſurée, auec vn viſage affreux, vne longue barbe heriſſée & à la confuſion, des yeux horribles & eſtincelans comme deux flambeaux: ce ſeul aſpect l'effroya de telle ſorte, qu'il demeura ſans pouls & ſans mouuement, comme s'il euſt eſté raui ou charmé. Ce ſpectre fit deux ou trois tours de châbre auec vne démarche furieuſe, & puis prenant le chandelier qui eſtoit ſur vne eſcabelle au cheuet du lict, le porta ſur la table, prend vn grand liure qui eſtoit deſſus & l'ouure, & s'eſtant aſſis ſe miſt à lire dedans, ou pluſtoſt à dire, comme s'il les euſt leuës,

des choses espouuentables, que cet homme couché dans le lict, plus mort que viuant, oyoit distinctement, tellemét occupé d'horreur qu'il ne pouuoit se remuer non plus qu'vne statuë. Cecy ayant duré quelque temps, qui sembla vn siecle à cet homme estonné, il eut encore la force d'estendre sa main hors de son lict, & de remuer l'escabelle pour appeller du secours; à cet instant ce grand homme se leue, & iettant sur luy vn regard capable de changer vn homme en pierre, tant il estoit horrible, renuerse table, liure, chaire, chandelle, esteint la chandelle & laisse la chambre pleine de tenebres & d'horreur, disparoissant auec vn bruit, qui fit croire à celuy qui estoit couché, & mesmes à ceux qui estoient en bas, & que la maison alloit en ruine. Ils montent soudain auec de la lumiere, &
trou-

trouuerent le Maistre esuanoüy dans le lict, aussi roide & froid que s'il eust esté mort: on court à l'eau & aux remedes, il fut vne grosse demie-heure sans remuer, sa femme pleurant & se desesperant; en fin il reuint, mais si abbattu & si troublé, qu'il sembloit qu'il sortist du tombeau comme vn autre Lazare. Vne grosse fiéure le saisit qui le mena iusques aux portes de la mort, neantmoins le soin & le secours le tirerent de cette mortelle maladie: mais luy ont laissé enuiron deux ans, qu'il a vescu depuis, vn tel battement de cœur, accompagné de tant de trouble & de malancolie, qu'il n'a point eu de parfaicte santé. Vn Ecclesiastique fort vertueux, & son parent, qui l'a assisté & consolé depuis cet accident iusques à sa mort, a raconté ces choses, qui allerent diuersement par les langues du monde) chacun y adjouſtant, ou de ſon inuention, ou par vn faux recit. De diſcourir maintenant de l'apparition des eſprits, dont pluſieurs ont fait de grands volumes, ne le iugeriez-vous pas inutile, & n'eſt ce pas vn abus inſupportable de l'eſcriture d'alleguer ce paſſage contre le retour des eſprits, qu'ils vont & ne reuiennent point. Le Prophete parlant en ce lieu de la volonté humaine qui va d'elle meſme au peché, mais qui n'en reuient pas d'elle-meſme ſans l'aſſiſtance de la grace celeſte. L'Eſcriture eſt toute pleine d'apparitions d'Anges & de Demons, & meſmes des ames des treſpaſſez; & cependant il y a des perſonnes de peu de foy, qui demeurent incredules apres de ſi grands exemples. Et lors que noſtre Seigneur apparut à ſes Apoſtres apres ſa Reſurrection, n'eſt-il pas eſcrit qu'ils pen-

ſoient voir vn eſprit ? & il leur dit,
Touchez & voyez. Mais puis qu'ils
pēſoient voir vn eſprit, il falloit bien
qu'ils creuſſent le retour des eſprits.
L'Hiſtoire que ie viens de rapporter
arriuée en nos iours à noſtre porte, &
s'il faut ainſi dire, ſur noſtre viſage,
me ſemble non moins remarquable
que preſſante.

L'artificieuſe Vengeance.

HISTOIRE X.

LEs Italiens ſont ſuperlatifs en
l'art de ſe venger, & ont, pour
arriuer à ce poinct, des inuentions qui paſſent la commune capacité des eſprits humains, mais ie ne
croy pas qu'ils puiſſent encherir ſur
celle-cy, qui eſt plus que diabolique.

L'artificieuse Vengeance.

O faim d'auoir & de se venger ! dequoy ne t'auises-tu ? Vn homme, que nous ne ferons cognoistre que sous le nom de Traseas, ayant vn grand procez contre vn autre appellé Narset, qui luy estoit d'extreme importance, & qui dépendoit en quelque façon de la vie ou de la mort de cettui-cy, par ce qu'il estoit question d'vn heritage que celuy-cy debattoit à cause d'vne substitution, & ayant, par le conseil de quelques Aduocats, recogneu que sa cause estoit fort caduque, le diable luy mit en l'ame de se défaire de son aduerse partie, & parce qu'il n'osoit l'attaquer en personne, ny mesme le donner en proye aux Filoux, qui sont des tueurs à gages, parce qu'on se fust douté de son artifice, & sa malice fust retombée sur sa teste, il trouua le moyen de tromper ceux-là mesmes qui seroient les executeurs de son

L'artificieuse Vengeance. 85

mauuais deſſein. C'eſtoit en vn temps où la contagion eſtoit aſſez grande à Paris, & que le chariot marchoit toutes les nuicts pour porter les malades au lieu de la Santé. Il donna vne bonne piece d'argent à quelqu'vn pour luy faire dire aux corbeaux (ce ſont ceux qui vont querir les malades) que ſa partie auoit la peſte, mais qu'il la cachoit, & qu'il ſeroit cauſe de la ruine de toute la maiſon où il eſtoit logé. Les corbeaux aduertis de cela paſſent le ſoir par la ruë, & ayant fait demander cet homme, qui deſcendit à la porte, le ſaiſiſſent, & malgré qu'il en euſt, quoy qu'il tépeſtaſt & criaſt, ils le lient, le iettent dedans le chariot, déja plein de malades, le menent à S. Louys, le font coucher auprés d'vn malade, où auſſi-toſt ayant le ſang tout troublé de peur & de colere, & meſme de l'infection du lieu, il fut

F iij

saisi de la maladie & mourut ; de là à peu de iours laissant Traseas paisible possesseur de l'heritage qu'il luy contestoit, cet artifice demeura tellemét caché (n'y ayant pas presse à faire des informations en de semblables lieux, veu mesme qu'en effet Narset estoit mort de la peste) que nul ne s'aperçeut de l'artifice ce Traseas, qui ioyeux en son cœur que son dessein eust tellement reüssi selon son souhait, fut si sot que de le communiquer à sa femme comme vn stratageme agreable, & propre à la faire rire. N'est-ce pas assez dire que le faire sçauoir à vne femme? est-il besoin d'vn autre trompette? Celle-cy le dit en grand secret à vne amie, celle-cy à vne autre, en fin tout le monde en fut abreuué. Les heritiers de Narset attaquent Traseas en procez criminel, il est saisi, mis en prison, appliqué à la gesne, il confes-

L'artificieuse Vengeance. 87

se le faict, comme nous l'auons recité : & en haine de cette execrable & maudite inuention, il est condamné à la roüe, comme vn meurtrier sanglant & abominable, tous ses biens confisquez, & l'heritage contesté adiugé aux heritiers de Narset. Ainsi ce qui auoit esté pratiqué en tenebres vint à la lumiere, & ce qui s'estoit fait si secrettement, que les executeurs mesmes de la meschaceté en estoient ignorans, fut presché sur les toits. Il n'y a crime si caché, que Dieu, qui est Pere de verité, ne mette tost ou tard en euidence.

F iiij

La Simplicité preseruée.

HISTOIRE XI.

L'Euenement que nous venons de reciter me fait souuenir d'vn autre qui a quelque air de ressemblance en son commencemét, mais tout dissemblable en l'issuë. Il arriua il n'y a pas deux ans, dans le fauxbourg S. Germain, au quartier mesme où ie logeois lors. La contagion, qui est comme en garnison à Paris, où il y en a presque tous les ans, estoit pour lors assez forte. Il y eut vn ieune garçon, dont le vray nom est Christin, fils de fort honnestes & vertueux parens, mais que la fortune, ennemie iurée de la vertu, a affligez de diuerses disgraces. Cettui-cy, hantant en diuers lieux, reuint vn iour de la ville fort malade, vne grosse fiéure ardante le saisit, mal de cœur & de teste, & tous les autres signes precurseurs de la contagion. Voila vne grande allarme en toute la famille, pere, mere, freres, sœurs, tous pensent estre perdus, luy-mesme le premier pense estre frappé de peste; prie qu'on se retire de luy; & de son mouuement propre, supplie qu'on le fasse porter de bonne heure à S. Louys, où il pourroit estre mieux secouru & corporellemét & spirituellement qu'en vne maison particuliere & effrayée comme celle de ses parens. Quelle douleur au cœur de son pere & de sa mere? La necessité toutefois qui est vne rude maistresse en de semblables accidents, leur fit suiure cet aduis, veu mesme que le malade consentoit à cela. On aduertit les Corbeaux qui dés le soir mesme le mettent dans le chariot auec d'autres frappez de la contagion. La presse estoit si grande à la maison de Santé que les malades estoient deux en chaque lict. Christin est mis auprés d'vn qui trois heures apres expira. On y en remit vn autre, qui mourut de là à quelques iours; Il fut trois sepmaines dans ce lieu infect, sans autre maladie que la fiévre, dont il guerit, & en sortit sain, reuenant trouuer ses parens, qui auec luy en magnifierent Dieu. O que celuy que Dieu garde est bien gardé! Ouy, quand il, chemineroit au milieu de la regiõ d'ombre de mort, il ne craindra aucun mal, car le Seigneur est auec luy: il preserue l'innocence & la simplicité, & la met à l'abry sous l'ombre de ses aisles.

Le Contentement reciproque.

Le Contentement reciproque.

HISTOIRE XII.

SI les habitudes se pouuoiēt aussi facilement despoüiller que les habits, la perfection se pourroit acquerir à bon compte, & il ne faudroit pas donner tant de cōbats pour se faire quitte de ses passions. Mais depuis qu'vn cœur est vne fois graué de quelque affection, cela ne s'efface pas si tost que l'on pense, & il faut bien du temps pour effacer ce qui s'est imprimé bien auant en l'ame par la suitte du temps. Quelle cruauté quand la mauuaise fortune separe ce que le Ciel vnit? Amphiloque & Cronide en sçauroient bien que dire, couple heureux en leur mutuelle inclinatiō. Desia on ne parloit que de leur belle amitié, & les parens de part & d'autre panchoient à consentir à leurs chastes desirs, lors qu'vn sanglier farouche sautant dans cette belle vigne, & faussant les hayes de tout respect y vient faire vn degast estrange. Rouuere, Seigneur de toute autre marque qu'Amphiloque, picqué soudainement à la rencontre de cette beauté, desia solemnellement promise à ce Gentilhomme, se iette à la trauerse, & vient comme vne froide bize geler en coton & en bourre les plus douces esperances de ces Amans. Que de larmes & de regrets cela cousta à Cronide, voyans que ses parens amorcez de l'esclat d'vne si auantageuse & illustre alliance, commençoient à chercher les moyens de retirer, sinon hōnestement, au moins auec quelque

Le Contentement reciproque. 93

apparence de raison leur parole, qu'ils auoient donnée à ceux d'Amphiloque. O ambition ! hé que tu causes de maux ! O constance, que tu es vne forte vertu, & que raremét tu te trouues dans l'infirmité d'vne fille ! Mais que ne fait l'Amour en vn braue courage ? tel fut celuy de Cronide, qui au lieu de se monstrer fueille & roseau pliable à tous vents, deuint vn rocher contre qui les vagues des tempestes ne firent que de molles attaintes. Amphiloque de son costé ne fit pas de moindres efforts pour la conseruation de son Amour, sans quoy il ne vouloit plus viure. Apres auoir remonstré & fait remonstrer à Rouuere qu'il violoit les droits de Iustice & de ciuilité, d'entreprendre de luy oster son accordée ; & l'autre se mocquant de ses honnestetez, il en fallut venir aux gros mots, qui ont de coustume d'eſtre aux effects, ce que ſes eſclairs au tonnerre. En peu de parole du deffi ils vindrent aux mains ; cela s'entend en vn duel aſſigné, où le ſort des armes ſe trouua du coſté non du plus grand, mais du plus iuſte ; & Rouuere tombant mort ſous l'eſpée d'Amphiloque, n'eut que le loiſir de recommander ſon ame, & de reconnoiſtre qu'il auoit tort, & qu'il eſtoit dignement chaſtié. Mais cette teſte par terre fut vn coup de foudre à la fortune d'Amphiloque ; & ſa victoire luy fut funeſte : car il ne falloit plus paroiſtre à la Cour apres auoir tué vn Seigneur ſi puiſſant en parens & en amis. Il s'enfuit en Hollande, où le credit que le Roy y a ne luy promettant pas aſſez de ſeureté, il paſſa en Allemagne, & courut aux occaſions de la guerre, qui eſtoit lors allumée en Hongrie. Eſtant ſi loing, il luy fut aisé de faire courir vn bruit de sa mort, & de la faire croire. Cependant voila en vn inſtant Cronide doublement vefue, & en vn aage qui preſſe les parens à ſe deffaire de cette marchandiſe, ſemblable à ces fruicts tendres, dont il ſe faut deffaire promptement, ſinon ils demeurent ſur les bras du marchand. On luy trouue vn parti ; mais quel parti ? c'eſt ce qu'il faut que ie deduiſe vn peu au large. Iouin, braue & galand Gentilhomme, vnique de ſon ſexe en ſa maiſon, auoit conſommé beaucoup de temps & de ſeruice à taſcher d'acquerir les bonnes graces d'vne fille ſuperbe, dont il adoroit les beautez & ſes deſdains. Le parti certes luy eſtoit aduantageux ; mais c'eſtoit la perſonne qu'il regardoit plus que le bien, & cette fille hautaine de ſon naturel, & qui aſpiroit à quelque choſe de plus grād,

ne faisoit point d'estat de luy. Le Ciel punit son orgueil comme il falloit: car cóme elle ne regardoit que ceux qui estoient beaucoup plus qu'elle, elle en estoit mesprisée en la mesme maniere qu'elle desdaignoit ceux qui estoient moindres. Les parens de Iobin ennuyez de ces longueurs, & qui mouroient de desir de voir leur fils pourueu, sçachans qu'attaché à cet object auec obstination, il ne pouuoit ietter les yeux sur aucun autre, trouuerent Cronide à leur gré, & la démanderent à ses parens pour belle fille. Les parens prindrent cette bonne occasion aux cheueux, & donnerent leur parole, promettans de faire leurs efforts pour porter leur fille à cette alliance. Elle alleguoit pour obstacle qu'elle estoit accordée à Amphiloque, dont la mort n'estoit pa-bien asseurée, puis que ses amis pours
suiuoient

Le Contentement reciproque. 97

suiuoient tous les iours pour obtenir sa grace. D'autre cofté les parens de Iouin le preffoient de quitter la pourfuitte d'Agape, qu'il ne pouuoit ofter de fon ame, pour fe mettre à la recherche de Cronide, qu'il ne pouuoit loger en fon affection. Neantmoins pour les contenter il fe contraint, il voit Cronide, mais ce fut fans déguifement, & auec proteftation qu'il ne la voyoit que par mine, fon cœur eftât engagé ailleurs. Cronide le remercia de cette franchife, & luy auoüa qu'elle mefme eftoit attachée d'affection autre part : & ainfi ils s'auiferent de tromper leurs communs parens, & de les amufer par leur conuerfation, prenans cependant le loifir de donner ordre à leurs affaires. Amphiloque aduerti par fes amis de la recherche de Iouin, à qui chacun croyoit que Cronide deuft eftre mariée, part prom-

G

ptement, & deguisé se rend en France, & se fait voir à Cronide, qui fut rauie d'aise à sa veuë, & luy raconta ce qui estoit de l'apparente & feinte poursuitte de Iouin, contre qui Amphiloque, comme desesperé, se vouloit encore battre. Et cependant cette dissimulée recherche fit ouurir les yeux à Agape sur Iouin, & luy fit cognoistre son merite: soit donc qu'elle vist que ses vaines & hautes pretensions n'estoient que des fumées, & qu'elle feroit mieux de se tenir à la mediocrité, elle se rendit d'autant plus douce & traittable à Iouin, qu'elle se voyoit sur le poinct de le perdre. Pourquoy tant de discours, elle se rendit à ses desirs sous le joug d'Hymen ; & Amphiloque persuada à Cronide, son accordée, de le suiure en Lorraine, où ils acheuerent leur mariage: & de là à quelque temps, par l'entremise d'vn des Princes de cette sereniſſime Maiſon, qui tiennent vn grand rang en France, il obtint ſa grace, & reuint auec ſa femme finir ſes iours en ſon païs, & habiter en la maiſon de ces anceſtres. Ainſi fut reciproque le contentement de ces Amans, qui d'vne meſme Prouince ſe lierent d'amitié particuliere, prenant vn ſingulier plaiſir à ſe raconter quelquesfois leurs amoureuſes auentures.

Le cœur ſerré.

HISTOIRE XIII.

LE ſuccez des affections que ie vay raconter ne fut pas ſi heureux que celuy des precedentes. Mais quoy que plus pitoyable

G ij

il n'en sera pas moins vtile. Du temps que cette derniere perle de la Maison des Valesiens fut mariée au grand Ericart, lors Roy de Guipuscoa, vne des Damoiselles de la suitte de la grāde Carinthée, Princesse de l'Hetrurie, & Gouuernāte des Gaules, nōmée Rosolie, fut recherchée en mariage par vn des principaux Seigneurs de la franche Prouince des Sequans, que nous appellerons Macedon, & qui estoit lors fort bien venu à la Cour de France, encore qu'il ne fust pas né subjet du Roy. Apes vne raisonnable poursuitte, & party estant trouué auantageux pour la fille, elle luy fut dōnée pour femme, & quelque temps apres leurs nopces il la mena en ses maisons auec vn grand équipage. Rosolie auoit vne sœur, dont le nom estoit Turnia, à qui l'on adjoustoit le surnom de Belle, parce qu'elle paroissoit entre les damoiselles de la Roine de Guipuscoa, à qui elle estoit comme vn Croissant qui remplit son rond parmy les menuës Estoiles, dont le sombre manteau de la nuict est rendu esclattant. La Roine eut agreable qu'elle accompagnast sa sœur en ce voyage, auec commandement de la venir trouuer dans trois mois. Cette agreable Turnia n'eut pas plustost fait paroistre les astres de son visage sur l'horison de cette Prouince estrágere à la France, encore qu'on y parle nostre langage, qu'elle ietta de l'admiration dans tous les yeux qui la considererent. Tous les parens de Macedon, qui estoient des meilleures maisons du pays, le vindrent voir à son retour de la Cour de France, & le congratuler de son mariage. Entre les autres, deux cadets de la Maison de Baraumon, dont l'aisné estoit en

G iij

Flandres dans les armes qu'y gouuernoit lors Dom Iean d'Auſtriche, vindrent faire leurs complimens, & par ce qu'ils eſtoient voiſins de demeures, & plus proches encore de conſanguinité, ces deux ieunes Seigneurs faiſoient plus souuent leurs viſites chez Macedon. Le plus aagé des deux deſtiné à l'Egliſe par ſes parens, ſe laiſſoit aller à cela contre ſon gré, ayant de ſon naturel vne extreme inclination aux armes, & ſe faſchant de ce qu'on ne luy permettoit pluſtoſt qu'à ſon cadet de prendre la Croix de Malte. Mais la quantité de benefices qui le regardoient par deſpoüille d'vn oncle qui l'en vouloit faire ſon heritier, ſelon la couſtume des Grands, qui poſſedent le Sanctuaire par heritage, retenoit les parens en ce deſſein, à quoy Armogaſte n'oſoit contredire ouuertement. Il eſtoit alors aagé de dix-huict à vingt ans, saison pleine de feu & susceptible d'amour plus qu'aucune autre de la vie. Ce beau visage de Turnia ne luy eut pas plustost donné dans les yeux, que mille feux nasquirent en son ame de cette seule veuë. La frequentation ordinaire en la maison de Macedon luy donne de l'accez, & mesme de la familiarité auecque cette fille, qui le receuoit comme le proche parent de son beaufrere, auec des accueils si pleins d'attraits, qu'il en estoit tout charmé. Quoy plus, il luy descouurit ses pensées, & auec combien de contrainte il plioit le col sous vn joug qu'il n'embrasseroit iamais la codition où on le destinoit, estant trop contraire à son humeur, qui estoit toute amoureuse & guerriere. De là il vint aux tesmoignages de l'affection qu'il auoit conceuë pour elle, luy offrant

G iiij

ses seruices & les vœux de si bonne grace, qu'elle eust esté vne trop desdaigneuse Deïté si elle eust rejetté auec mespris de tels sacrifices, veu mesme qu'elle se sentit portée par ie ne sçay quelle simpathie à luy vouloir du bien ; ce qui ouurit la porte à la complaisance, & cette complaisance à la bien-veillance mutuelle. Ainsi se lierent ces cœurs mais d'vn lien si plein de pudeur & d'honnesteté, qu'il n'y auoit rien en toute leur intelligence que l'enuie mesme eust peu blasmer. Le temps du retour de Turnia estant arriué, elle laissa sa sœur en son mesnage, & apres mille nouueaux sermens d'vne inuiolable fidelité, elle quitta le volage Armogaste (ie l'appelle ainsi par anticipation de ce que vous entendrez) emportât elle seule la constance auec elle, qu'elle côserua dans la Cour de sa Maistresse, qui estoit le pays des bonnes mines, & vn vray Palais enchanté. Ce n'est pas que l'inconstance accueillist tout à coup Armogaste, & que son cœur ressemblast au miroir qui ne conserue l'image qu'en la presence de l'object. Il luy escriuit plusieurs fois depuis, & ses lettres fauorablement receuës, eurent de fort honnestes responces. Son aisné vint à mourir dans la guerre de Flandres, & le voila aussi tost en sa place, & d'Abbé designé Marquis veritable. Il fut, comme vous le pouuez croire, bien-tost consolé de la mort de son frere; le voila dans les titres, dans les biens, dans les armes, dans tout ce que son cœur desiroit. Il fait sçauoir tout cela à Turnia, & luy renouuelle par des protestations escrites son ancienne fidelité. Mais en fin les nouueaux honeurs changerét ses mœurs,

& estant allé en Flandres auprés de Dom Iean d'Austriche tenir le rang & les charges de son frere, la vanité Espagnole luy entra dans la teste, & effaça de son souuenir la belle Françoise, soit qu'on luy fist esperer vn illustre parti, que déja on auoit destiné pour son frere, soit que quelqu'autre object se fust emparé de son esprit, il ne luy escriuit plus, & son Amour, de ce costé-là, fut mis entre les choses passées. Malgré cet oubly, que Turnia prenoit pour vne paresse d'escrire, assez commune aux Cheualiers, elle ne laissoit de penser en luy, & de luy conseruer entiere son affection, le regardant non seulement comme vn riche parti, mais comme l'object de ses premieres flammes. A quelque temps de là la Royne de Guispucoa fit vn voyage en Flandres pour des desseins d'Estat, mais dont

le pretexte eſtoit vne infirmité feinte, qui auoit beſoin d'aller prendre
des eaux de Spa. Elle alla donc auec
vn train digne de ſa Royalle grandeur, & vne Cour parfaictement accomplie, tant pour les Cheualiers,
que pour les Dames qui l'accompagnoient. Elle paſſa par diuerſes villes
de Flandres, où elle fit diuerſes menées pour le bien d'vn de ſes freres,
& arriuant à Namur, elle y fut receuë par Dom Iean, qui eſtoit au fort
chaſteau de Sanſon, voiſin de cette
ville-là, & traittée auec des magnificences conuenables à la dignité de ſa
perſonne. Là le Marquis de Baraumon (car Armogaſte s'appelloit ainſi
depuis la mort de ſon aiſné) vid entre
les filles de la ſuitte de la Royne cette
belle Turnia, à qui il auoit fait autrefois des vœux ſi ſolemnels de fidelité,
& des promeſſes ſi paſſionnées ; & au

lieu de luy témoigner par des careſſes & des complimens la joye de la reuoir, ce que la ciuilité ſimple requeroit de luy, quand bien il ne luy euſt iamais offert aucun ſeruice, foulant aux pieds toutes les loix de l'Amour & celles de la courtoiſie : en la regardant il ne fit pas ſemblant de la voir, mais il la traicta auec vn ſourcil Eſpagnol, & vn meſpris ſi arrogant, qu'il ſembloit la mettre non ſeulement entre les choſes indifferentes, mais parmy les rejettables. Qu'euſt-il fait de pis à vne ennemie, & à celle dont il euſt receu quelque outrage ? Cette fille qui auoit le cœur bon & tendre, frappé de ce traictement impreueu, comme d'vn eſclat de foudre, & voyant reduire en poudre toutes ſes plus douces eſperances, au lieu de faire bouclier du deſdain contre l'orgueil de ſe preſomptueux, ſe ſerra tellement le cœur qu'elle en perdit sur le champ toute contenance, les roses s'esuanoüirent de son teint pour faire place à vne pasleur de mort qui s'empara de ses jouës; la viue joye qui brilloit auparauant dans ses yeux se retira en vn moment, & vn accablement de tristesse l'accueillit & la suffoqua comme vn grand deluge. Elle se retira en sa chambre toute malade; & estant dans son lict, que ne dit-elle? que ne pensa-t'elle lors qu'elle se vit seule & en la liberté de se plaindre? Rien ne manquoit à la magnificence du bal que sa presence, & elle y fut autant regrettée que desirée, mesme de la Roine, qui la tenoit pour la plus belle pierre de sa Cour, où elle paroissoit comme vn Diamant parmi ses compagnes. La Roine s'embarqua sur la Meuse, pour aller sur ce fleuue iusques à Maistric, & de là au Liege, où elle fut receuë par l'Euesque du Liege, Prince de la Maison de Bauiere, & Electeur de Cologne, auec des pompes & des somptuositez magnifiques. Rien ne troubla ces festes que la mort de la pauure Turnia, qui ayant caché son regret & sa douleur iusques à son dernier soupir, declara en fin en mourant la cause de sa mort, telle que nous l'auons dite. Chose merueilleuse, Dom Iean ayant accompagné la Royne iusques à Maistric, ayant le Marquis à sa suite, ce ieune Seigneur ne voyant plus Turnia, soit qu'il fust touché du regret de sa discourtoisie, soit que quelque estincelle de son ancienne flamme eust rallumé le flambeau de son affection, eut du déplaisir d'auoir ainsi traicté cette fille, & sur le champ se resolut d'aller au Liege pour luy en faire des excuses, & se purger de son inciuilité. Il part, ayant auec vn peu de peine obtenu congé de Dom Iean, & arriuant dans le Liege, il rencontra pour spectacle le conuoy funeste du corps de Turnia, que l'on portoit à la sepulture: il s'enquiert de qui sont ces funerailles, il apprend que c'est vne des filles de la Royne; son cœur presageant ie ne sçay quoy de sinistre, sur ce que Turnia estoit partie malade de Namur & de Maistric, il s'enquiert plus curieusement, & il apprend que c'est cette belle que l'on porte en terre, auec les particularitez de sa fin. Il en tomba esuanoüy de douleur, mais reuenu par le prompt secours qu'on luy apporta de son esuanoüissement, il dit & fit des choses qui ne pouuoiét proceder que d'vne passion extraordinaire; à quoy il se laissa emporter si demesurément, qu'il en tóba malade de telle sorte, & auec des excés si violés accópagnés de

resueries si extrauagantes, qu'il pensa
suiure au tombeau celle qu'il y auoit
poussée. Il en eschappa neantmoins,
mais auec tant de regret de suruiure à
son ingratitude, & à la mort de son
Amante, qu'il sembloit que la vie luy
fust à charge. Le temps en fin auec
son esponge insensible, effaçant de
sa memoire cette belle idée, arracha
aussi le desplaisir de son cœur, qui
tressailloit neantmoins tousiours au
toucher de cette playe: car on ne luy
pouuoit parler de cette chere morte
qu'il n'en ressentist aussi-tost du trouble & de l'emotion.

L'A.

L'Accordée.

HISTOIRE XIV.

LE sujet de l'Histoire precedente me conuie à vous en representer vne autre, qui vous fera voir la fin plus heureuse d'vne fille Amante. En vne Prouince voisine de celle des Selusiens, deux Seigneurs dont l'vn portoit le titre de Comte, s'auiserent de s'vnir encore dauantage, & de ne faire qu'vne maison de deux. Le Comte auoit plusieurs enfás, mais l'autre n'auoit qu'vne fille. Cette vnique heritiere estoit regardée de beaucoup d'yeux, mais elle fut reseruée pour l'aisné du Comte, qui deuoit estre son principal heritier; & de cette sorte il se faisoit vne maison extremement riche. Ce Comtin (car c'est ainsi que l'on appelle en cette contrée là l'aisné d'vn Comte) n'estoit que d'vn an plus aagé que la fille, que nous appellerõs Theodosia, elle auoit desia quinze ans, & Amphian (c'est le nom du Comtin) n'en auoit que seize. Sa taille estoit menuë, sa complexion foible & delicate, il n'estoit pas encore propre aux nopces. Il fut aduisé entre les parens de les accorder, & puis d'enuoyer Amphian à la Cour pour quelque temps, tant afin qu'il y apprist les exercices, que pour prendre vn peu plus de force auec l'aage. Il ne demeura que sept ou huict mois à Paris, & de là il prit son vol vers la Hollande pour y apprendre le mestier de la guerre sous ce grand Capitaine le Comte Maurice, qui depuis est mort Prince d'Orange. Apres y auoir sejourné vn an le desir de voyager le picqua, il s'embarque sur la mer, va en Dannemarc, en Noruege, en Suede, il voit toutes ces regions Septentrionales, puis par la Pologne il reuient en Allemagne, en fin par Venise il entre dans l'Italie, voit Rome, sejourne à Naples, theatre de gentillesse & de ciuilité, de là pousse en Sicile & à Malte, puis fait voile en Espagne; bref, il fut quatre ans en tous ces voyages-là, faisant de temps en temps sçauoir de ses nouuelles à ses parens. Cependant la mere de Theodosia mourut, auec vn extreme regret de partir de cette vie sans voir sa fille mariée, & conjurant son mary de la pouruoir au pluftoft; Theodosia ayant pris cette pasle maladie qui attaque les filles nubiles, & en estant extremement incommodée, son pere le luy promet; & elle morte, ennuyé du long sejour d'Amphian, il preste l'oreille à vn Baron extremement riche qui luy fit demander sa fille. Il presse le Comte de faire reuenir son fils, & là dessus mesme, on tient qu'il y eut quelques paroles de precipitation laschées en la chaleur de la colere, qui altererét les humeurs de part & d'autre, & qui firét passer le pere de Theodosia iusques à ce poinct de permettre la recherche de sa fille au Baron de Sainct Pancrace. Cette fille qui n'auoit presque point de souuenance du Comtin, & dont la volonté dépendoit de celle de son pere, receut le Baron auec toute sorte de bons accueils, & le receut en son cœur aussi bien que deuant ses yeux, en vn mot elle en deuint honnestement esprise. Ils sont accordez, & tandis qu'on s'achemine aux fiançailles, lors qu'on y pensoit le moins, Amphian reuient en la maison de son pere, grand, puissant & bien-fait, lçachant diuers langages, adroit, fait à la guerre, & ayant bien veu du monde ; au reste, fort deliberé de se marier à Theodosia. Quád il sçeut qu'elle estoit accordée au Baron, il creut que comme il estoit le premier en datte, il l'estoit aussi en droict ; que le Baron luy deuoit ceder, puis qu'il n'auoit esté receu à cette recherche qu'à cause de son absence: Mais il cópte sans son hoste, car ny le Baron ne luy veut quitter la place, ny la Damoiselle le receuoir, ayant entierement engagé ses affections au Baron. Vous iugez bien qu'à la mode de la France de semblables differents se decident par les couteaux. Il en fallut venir là, & le Comtin auec toute son adresse & sa valeur n'eut pas du bon, Sainct Pancrace le vainquant, luy ostant ses armes, & le laissant sur le champ percé de blesseures, dont il mourut trois iours apres. Ce fut au Baron de sortir de la France, car la partie estoit trop forte contre luy. Il eut le moyen, s'il le voulut, de faire d'aussi beaux voyages qu'Amphian, tandis que le pere de Theodosia en fit vn au cercueil, d'où il est encore à reuenir. Et Theodosia accueillie de regret & du degoust du môde, employa vne partie de ce grád heritage qui luy appartenoit à la fondation d'vn Monastere de Religieuses, où elle ne voulut pas se ranger pour fuir la vanité du titre de Fondatrice, se iettant dans vn autre en vne ville assez esloignée de son pays. De ce que deuint Sainct Pancrace, c'est ce que ie n'apprens point du memoire surquoy i'ay tracé cette narration : d'où ie tire combien sont vaines toutes les pretensions du monde, puis qu'il ne faut qu'vn moment pour les dissiper. Longues attentes, fausses esperances, plaisirs passagers, longs desplaisirs, veritables douleurs, sont les appanages de cette vie, qu'vn Ancien appelloit agreablement l'ombre d'vn songe, & le songe d'vne ombre.

Le Compliment Espagnol.

HISTOIRE XV.

Ovs auons desia descouuert icy deuant la vanité des titres, dont se traictent les Estrangers quand ils parlent les vns aux autres, principalement les Espagnols, qui en sont grands obseruateurs, & si friands qu'ils appellent traictement vn son vain de ie ne sçay quelle parole, qui s'aualle par l'oreille, en quoy ie les comparerois volontiers à ces peuples nouuellement deſ-couuerts du coſté de la terre des Amazones, que l'on appelle Aſtomes, parce qu'ils n'ont point de bouche, & ne ſe nourriſſent que de la fumée de certaines herbes odorantes, ou de la ſenteur des parfums, qu'ils tirent par le nez. Et certes ie croy que la meſme delectation que les Septentrionaux prennent à humer la vapeur du tabac, les Eſpagnols l'ont à ſauourer l'harmonie des titres. Ce que l'Hiſtorien de Cheronée diſoit, que les ſages apprennent plus des fols, que les fols des ſages, parce que ceux-cy ne ſont pas capables de faire leur profit des exemples de moderation que donnent les perſonnes prudentes, mais les bien aduiſez tirent des leçons meſmes des extrauagances des fols. Nous le pouuons dire des impertinences des eſprits vains, qui nous faiſans rire de leurs folies, nous donnent autant d'enseignemens de sagesse par le contrepied de leurs deportemens.

Il y a des Grands en Espagne de differentes peintures, les vns le sont seulement durant leur vie, sans que leur grandeur passe à leur posterité. Enuiron comme les Officiers de la Couronne en France, dont les charges par leur mort ne passent point à leurs heritiers, mais se donnent à d'autres. Ce qui n'est pas ainsi des Ducs & Pairs, dont les enfans heritiers des honneurs & des titres. Aussi en Espagne il y a d'autres Grands qui le sont pour eux & pour leur posterité ; c'est à dire pour l'aisné, & le chef de la famille qui porte le nom, le titre & les armes du Grádat, ce qui s'appelle *Mayorasgo*. Il y en a d'autres, à ce que l'on dit, dont tous les enfans naissent Grands, & come l'on dit, la teste couuerte, comme le pretendent ceux de la Maison de Bragance, & ceux de la Cerda : car pour les enfans des Princes du sang, il est certain qu'ils naissent tous Grands & à couuert. Or tous les Princes, du sang exceptez, sont égaux, & comme Pairs ; c'est à dire en pareil degré d'honneur ; ils se couurent deuant le Roy, ils s'asseent aux Chapelles aux ceremonies au banc destiné pour les Grands, selon qu'ils arriuent, sans esgard d'aucune preeminence. Ie dis cecy, parce que c'est le fondement de toute mon Histoire, qui nous appréd qu'vn braue Capitaine, enfant de fortune, & paruenu par sa valeur aux plus honorables charges dedans les armes, *Hijo de sus obras*, comme ils parlent, en fin fut recompensé par son Roy du dernier poinct d'honneur, en luy disant le *Cobrioos*, qu'il se couurist. Aussi-tost à la façon de la Cour, qui

Le Compliment Espagnol.

est le pays des complimens & des ceremonies, tous les Courtisans, grands & petits le vont visiter, & luy donner la ioye & le *Para bien* de son esleuation. Entre les autres, y alla vn ieune Comte, fils aisné d'vn qui estoit Duc en la Castille (tous les Ducs de ce Royaume-là sont Grands, & leurs Grandats sont hereditaires.) Ce ieune Seigneur, qui estoit d'vne des plus illustres Maisons du Royaume, futur successeur de son pere, qui estoit fort aagé, & non seulement du sang des Gots, mais encore des anciens Roys de Leon; au reste, Castillan; c'est à dire qui auoit fort bonne opinion de luy-mesme, qui sçauoit sa Genealogie sur le bout de ses doigts, & qui sçauoit le poinct d'honneur iusques au dernier degré, estant deuant ce nouueau Grand, dont le lignage estoit si obscur, qu'il eust fallu bien des flambeaux pour en trouuer la trace, & que plusieurs auoient veu estant ieune, en vne bassesse fort raualée, s'imagina qu'au mons il le deuoit traicter du Pair, estant l'aisné d'vn Duc, du bois dequoy on fait les Grands, & en la prochaine puissance de l'estre. Mais autre chose pense le cheual, autre celuy qui le mene. Le Grand de nouuelle impression enflé de sa promotion, & faisant la roüe comme vn Pan qui estale les tresors de sa queuë, voulant monstrer qu'il sçauoit tenir son rang & magnifier son Grandat, prend vne chaire à bras, & en fait donner vne sans bras au Seigneur Comte, ce qui estoit desia vn raualement : car entre les chaires de soye ou non, à bras ou non, entre les places & les escabelles, & à la droite ou à la gauche, sous le daix, ou vn peu à costé, il y a autant de mysteres ou

Le Compliment Espagnol. 125

plustost autant de differences chimeriques. Dans l'entretien de la conuersation il fallut venir au traictement, ie veux dire au banquet de la fumée du rost, c'est à dire des titres. Le Comte ne fit point de difficulté de le traicter comme Grand, puis que sa Majesté Catholique l'auoit esleué à cet honneur, & de luy donner de l'Excellence. Le Grand qui estoit au dessus du vent, & qui consideroit le Comte comme son inferieur en dignité, voulant garder sa grauité & son rang, *y el sossiego*, ne voulut point raualer l'Excellence sur la teste d'vn Cheualier qui pouuoit estre Grand, mais qui en effect ne l'estoit pas encore; en luy repartant donc, il ne le traicta que de Seigneurie fort illustre. Le Comte indigné de cela, & qui auoit veu des gens à la suitte de son pere d'aussi bonne & meilleure naissance que ce

Monsieur le nouueau Grand, & mesmes qui auant sa promotion l'auoit souuent veu au dessous de luy, & auoit sans ceremonie passé deuant luy, continuant son propos luy fit de mesme pain soupe, & le traicte de Seigneurie fort illustre. Le Grand continuant son entretien le traicte simplement de Seigneurie, sans y adjouster d'epitete. Le Comte comme l'Echo de cet homme vain, luy replique, en le traictant de simple Seigneurie. Le Grand reconnoissant qu'ils s'alloient ainsi raualant l'vn l'autre, & que ceux qui estoient presens commençoient à se sousrire de cette comedie, qui sembloit aucunement prejudiciable à sa nouuelle Grandeur, se leuant tout à coup de sa chaire, dit au Comte *Senor Conde leuantamos, y vamos nos, antes que renga la Merced.* Seigneur, leuons & nous en allons, ou bien soparons-nous auant' que la Merced vienne, le titre dernier, dont on traicte le vulgaire, & les perſonnes des plus baſſes qualitez. Le Comte ſe leue, & ayant baiſé les mains au Seigneur Grand, qui le remena iuſques où les Gráds ont de couſtume de conduire ceux qui ne le ſont pas, ils ſe ſeparerent de la ſorte, le Comte proteſtant, comme à ſon Confeſſeur, qu'il n'y retourneroit plus. Voila vn Compliment Eſpagnol, qui expoſe à la riſée la vanité de ces traittemens d'honneur, que l'on appelle titre. Mais le mal eſt que ces inepties produiſent ſouuent des effets tragicques, parce que du meſpris on vient aux injures, des injures aux outrages, & puis aux mains, ce qui verifie cet Oracle ſacrée, que ceux qui ſement du vent recueillent vne moiſſon de tourbillons & de tempeſtes.

La pointe cachée.

HISTOIRE XVI.

Es paroles, dit le Pfalmiste, parlant du railleur, sont douces comme l'huile, & entrantes & penetrantes comme des pointes de rasoir. Vne ieune Damoiselle ayant vne apostume sous la mammelle qui estoit meure & preste à percer, & ne pouuant ouyr parler de lancette, le Chirurgien qui la pensoit s'auisa d'vn stratageme agreable : il cacha la pointe d'vn stilet dans du coton musqué, & faisant semblant d'huiller & de nettoyer l'apostume, il pressa le mal, & le creua de cette façon, la fille voyant que l'ordure sortoit d'elle-mesme & sans aide.

Il y

La pointe cachée.

Il y a des traits de ioyeuseté mordans quelquefois, & poignans, que ceux qui ont l'esprit subtil sçauent si dextrement cacher, que peu s'en apperçoiuent quand le coup se donne, ou qui les assaisonnent si delicatement, que mesme ceux qui en sont picquez ne s'en offencent non plus que ceux que l'on chatoüille. Ie vous en veux donner vn exemple de fraische datte. Deuant vn des plus grands de ce Royaume, & dont l'esprit va du pair auecque la grandeur, vn Comte de fort bonne maison se rencontra vn iour, & suruint vn Financier qui auoit la reputation, & comme ie croy l'effet, d'auoir fort bien fait ses affaires, en seruant neantmoins le Roy fort fidellement & fort diligemment. Tous deux estoient de taille assez grosse, & d'humeur iouiale, qui est assez commune aux hommes qui sont gros &

gras. Ils commencerent à se railler sur leur grosseur, & quoy qu'ils fussent beaucoup plus ronds & refaits que le commun des autres & de taille peu legere, si est-ce qu'entr'eux ils disputoient à qui estoit le plus menu. Il falloit vn tiers pour les accorder en ce gracieux debat, car ils ne pouuoient estre iuges & parties, chacun s'estimant plus leger que son aduersaire, parce qu'il ne sentoit pas sa propre pesanteur. Le Seigneur qu'ils estoient allé visiter fut esleu pour arbitre de ce gracieux different; & d'vne viuacité d'esprit admirable il prononça soudain cette notable Sentence; Pour Monsieur le Comte ie le trouue plus gros, mais il me semble que Monsieur le Financier est plus remply. Cette pointe cachée regardoit le corps de l'vn, & la bourse de l'autre, qui en effet estoit comme la Lune, qui ne

La pointe cachée.

monstre iamais son plein qu'auec vn visage d'argent. Cette joyeuseté apperçeuë de peu sur le champ ne tomba pas à terre, puisqu'elle est venuë iusquesà moy, & a esté recueillie sur ce papier, surquoy nous aurions vn beau champ pour faire des carrieres sur la plenitude de puissance de Messieurs les Financiers, qui sans aller aux Indes sçauent les moyens de faire aborder la flotte en leur porte. Certes pour perseuerer en nostre premiere comparaison, ce sont de pleines Lunes qui quelquefois de leur plenitude tombent en cartiers, puis en decours, & en fin eclipsent & disparoissent; veu mesmes qu'ils tirent toute leur lumiere & leur esclat non du Soleil des Cieux, mais de celuy des mines, qui dore leurs coffres & leurs Palais. Vn Ancien Empereur les appelloit ses esponges, qui l'abreuunient de la sueur des peuples, & puis il les pressoit quand il estoit en necessité. Ie ne dis pas qu'il n'y en ait de bons de cette condition, mais tousjours m'auoüera t'on que c'est vne vacation perilleuse, & sujette à de grandes tentations. L'innocence n'est pas moins en peril parmy les finesses des Finances, que la pureté parmy la licence des debauches. Escoutons l'Oracle diuin ; Bien-heureux celuy qui a esté trouué sans tache, & qui n'a point couru apres l'or, ny mis son espoir aux tresors: mais qui est celuy-là certes c'est vn homme miraculeux, & qui a fait des merueilles en sa vie.

La Méconnoissance punie.

HISTOIRE XVII.

LATONIDE frappée du deffaut ordinaire qui accompagne celles qui ont tant soi peu de beauté par dessus le commun, ie veux dire d'orgueil, se voyant l'objet de l'idolatrie de plusieurs passionnez, venoit parmy eux auec vn Empire semblable à celuy non d'vne Princesse seulement, mais d'vne mortelle Deesse. Ce qui augmentoit encore sa vanité, c'estoit qu'elle estoit des plus riches de sa contrée, & pour vne Damoiselle de la campagne c'estoit vn party fort accommodant. Parmy cette troupe de poursuiuans elle ne tesmoignoit que de l'indifference, que ie ne die du mépris, & comme si elle eust esté ou insensible, ou impassible, elle ne monstroit inclination pour aucun. La Noblesse voisine luy sembloit rude, & trop peu de chose pour elle; & ayant esté à Paris deux ou trois fois auecque sa mere, elle y auoit veu tant de bonnes mines, qu'il luy sembloit que les Gentilshommes du plat pays auoient quelque chose de rustique. Ie ne diray point à dessein en quelle Prouince auindrent les occurrences que ie vais dépeindre, pour ne sembler accuser de grossiereté ceux qui en effet n'estoient lourds qu'en l'opinion de cette superbe fille. Mais voyez combien l'orgueil, odieux à Dieu & aux hommes, dit le sacré Texte, est sujet à estre humilié; & à quelles cheutes sont exposez ceux qui cheminét en des lieux hauts, & par des precipices. Gontran

& Satur, les plus passionnez de tous les poursuiuans de cette beauté, ne pouuans arriuer au poinct qu'ils desiroient, qui estoit le mariage, se comportoient en leurs recherches par des voyes bien differentes: car Gontran d'vne humeur violéte & altiere, sembloit se vouloir faire aimer par force, & deuoir emporter de haute lutte ce party. Satur au rebours, simple & soufmis, rendoit des deuoirs & des respects à cette vaine creature qui eussent peu fléchir la cruauté d'vn Tygre: tous deux neantmoins estoient mesprisez, bien que non pas également, parce que la violence de Gontran n'attiroit pas seulement sur luy les desdains de Platonide, mais encore la haine; d'où naissoient des rebuts & des traittemeus si rudes que luy faisoit cette fille, qu'il ne partoit iamais d'auprés d'elle que demy desesperé.

Au lieu que si Satur n'estoit pas estimé au moins son humilité le mettoit-elle à l'abri des insolences & des outrages. On parla enfin à bon escient de marier Planotide, & dans le nombre de ses adorateurs ses parens luy choisirent Sosipatre pour mary. Sosipatre le plus riche, mais le plus laid de tous, & dont la mauuaise mine faisoit deceder la desdaigneuse fille toutes les fois qu'il se presentoit deuant elle. Tandis que l'on fait les accords & que l'on auance ses nopces, elle ne s'y peut resoudre. Les parens donnent congé aux autres Amans, & ne permettent plus qu'autre que luy soit auprés de leur fille. Alors les seruices & les soumissions des autres luy passerent par l'esprit, & quoy qu'aucun ne luy pleust, il n'y en auoit nul qui luy despleust tant que Sosipatre. Gontran deuint furieux à cette nouuelle,

& tantost luy vient en desir de se battre auec Sosipatre, mais il se retient sur ce que l'ayant tué, il ne se promet pas pour cela d'auoir cette fille; tantost si s'emporte à d'autres resolutions. En fin il se determine à vn conseil desesperé, qui estoit d'enleuer la Damoiselle, & puis de s'accommoder comme il pourroit auecque les parens. Il ne manqua point d'amis pour l'assister en cette folle entreprise, ny mesme d'adresse pour l'executer. Il se saisit de Platonide comme elle reuenoit d'vne visite à quelque lieuë de sa maison; mais comme il auoit choisi le lieu de sa retraicte assez loing de là, auparauant qu'il y fust arriué, ce rapt vint à la connoissance de Satur, qui aussi-tost fut à cheual pour tascher de rendre ce seruice à sa desdaigneuse Maistresse, de la retirer des mains d'vn hôme qu'il sçauoit qu'elle auoit en horreur. Il fait vne telle diligence qu'il apprend leur piste, & les suiuant à la trace ; dés le premier logement qu'ils firent en vn bourg, il mit tout le monde en allarme; & tout ce que peut faire Gontran ce fut de se sauuer, sçachant que s'il eust esté pris sa teste eust esté separée de ses espaules ; & de faict, deux de ses satellites le furent, qui dans peu de iours furent pendus. Satur ayant rendu vn si signalé seruice à Platonide & en temps si opportun, que dés cette nuict là Gontran estoit resolu d'obtenir d'elle de gré ou de force la derniere faueur, imaginez-vous de quel creue-cœur il fut saisi lors que cette fiere Damoiselle estât remise entre les bras de ses parens, ne daigna pas seulement luy en faire vn remerciement gracieux, le payant de ses mespris ordinaires. Encore qu'elle eust esté ren-

duë aussi entiere qu'elle auoit esté prise ; ce ne fut pas pourtant la creance
de son accordé, qui ne voulant point
d'vne brebis qui auoit esté dans la
gorge des loups, & d'vne fille qui sor-
roit des mains de deux Amans passionnez, se retira de sa recherche, &
la laissa pour telle qu'elle pouuoit
estre. Plusieurs autres l'imiterent en
cette retraicte, le seul Satur demeurant parmy tant d'inconstances de ses
competiteurs ferme cóme vn rocher.
Ny pour cela il n'en fut point veu de
Platonide d'vn meilleur œil : ce qui
luy fit monter en la teste vn tel desespoir qu'il se resolut d'aller chercher
vne mort honorable dans les armes. Il
s'en alla en Flandres, theatre de Mars
depuis tant de temps, & de là il fit
courir vn bruit de sa mort, pour voir
si au moins la pitié ne feroit point
quelque brêche dans ce cœur de mar-

bre, où l'amour n'auoit peu auoir d'accez : Il fut meilleur Deuin qu'il ne pensoit : car cette nouuelle frappa de telle sorte l'esprit de Platonide, que se repentant de son ingratitude, elle creut ne pouuoir se purger de cet homicide, dont elle pensoit estre la cause, que par vne mort ciuile qui l'obligeast d'en faire la penitence iusques à la mort. A raison dequoy elle se ietta dans vn Cloistre, poussée d'autre part par le murmure des langues, qui deschiroient son honneur, comme s'il eust esté interessé en son enleuement. Gontran qui sçauoit bien le contraire, s'offroit de reparer sa faute par le mariage, estant peut-estre l'autheur de ces bruits, afin que cette proye luy demeurast : mais Platonide qui le detestoit comme le bourreau de sa renommée, eust pluſtost choisi le sepulchre que de tomber sous sa puissance.

La Méconnoissance punie. 143

La voila donc Religieuse. Satur en est aduerti qui reuient, & la reuoit ; aussi tost qu'elle vid en vie celuy dont la feinte mort l'auoit poussée dans ce Conuent, elle ne luy dissimula point qu'elle l'aimoit, & que l'obligation qu'elle luy auoit de luy auoir sauué l'honneur, ne se pouuoit reconnoistre qu'en se donnant elle-mesme à luy par vn sainct Hymen. Voila Satur au comble de ses ioyes, & aux faistes de ses pretensions. Pour trencher court, elle sort du Cloistre, ses parés la promettent selon son desir à Satur ; Dequoy Gontran furieux & enragé, sans crainte d'estre saisi par la Iustice, son procez estant tout iugé, & ses complices punis, fait appeller Satur, qui trop braue pour refuser cette partie, se trouue au lieu assigné, où au lieu de chastier Gontran de ses insolences passées, le sort des armes luy fut contraire, & il tomba sous l'effort de celles de ce desesperé, qui vouloit mourir ou vaincre. Quel succroist de douleur au cœur de Platonide, quand elle apprit la mort de celuy seul qu'elle auoit le premier & vniquement aimé ? & qu'elle estoit sur le poinct de recompenser de tant de seruices qu'il luy auoit rendus, & de tant de peines qu'il auoit souffertes pour elle ? Certes l'assaut fut tel, qu'elle se trouua trop foible pour y resister. Ie serois trop long si ie voulois representer ce qu'elle dist & ce qu'elle fit dans les transports dont elle fut accueillie : c'est assez que nous la mettions dans le lict, d'où elle ne releua iamais, soit que l'excez du déplaisir luy ostaft la vie, soit qu'elle refusaft & les remedes de son mal, & les alimens necessaires pour arrester son ame dans son corps, ainsi que le bruit en courut. Ainsi finit cette superbe beauté, par la violence des desirs d'vn homme qui auoit esté si long-temps l'object de ses desdains & de sa mesconnoissance : & elle fut punie iustement par où elle auoit failly.

Le pitoyable Naufrage.

HISTOIRE XVIII.

Cettui-cy que i'ay remarqué dans l'histoire des Indes, est bien des plus déplorables qui se puisse raconter, & il est mal aisé d'y repenser sans émotion. Emanuel de Sonza, autrement appellé Sepulued, Seigneur Portugais, Gouuerneur pour le Roy de Portugal de la forteresse de Diu, tres-importante en l'Inde Orientale, & qui auoit

espousé la fille du Vice-Roy de l'Inde Garzias Sala, nommée Eleonor, apres auoir amassé de grands tresors parmy ces barbares, desira en venir iouyr en son pays, à raison dequoy il se resoult à vn embarquement. Il équippe vn grand & superbe vaisseau, où il met toutes ses richesses & ses esclaues, & se resoult de faire voile en Portugal. Le grand appreſt & attirail qu'il menoit retarda son voyage d'vn mois & plus, ce qui fut cause de son mal-heur: Car l'experience des vents & de la mer ayant fait cognoiſtre par le succez de plusieurs voyages qu'il falloit partir de l'Inde au commencement de Ianuier pour reuenir en Portugal, il ne partit qu'en Feurier, encore sur la fin : De sorte que n'ayant peu doubler le Cap de Bonne-Esperance deuant le mois d'Auril, ce fut pour luy le Cap de desespoir : Parce que battu
d'vne

d'vne furieuſe tempeſte auprés de Sotala & du Maſambicque, où il y a des eſcueils fort dangereux, & renommez par les naufrages qui s'y font: Aprés auoir ietté en mer, pour alleger le vaiſſeau, tout ce qu'il auoit amaſſé auecque tant de ſoing, en fin les vents impetueux le pouſſerent en des bancs où il ſe mit en pieces. De cinq cens perſonnes qui y eſtoient, il y en eut cent qui perirent dans les eaux, & quatre cens gaignerent le riuage, auecque ſi peu de prouiſions de viures en des lieux barbares, que la terre ne leur eſtoit gueres plus fauorable que la mer. Emanuel ayant exhorté ſes gens à la conſtance & à l'vnion entr'eux, & à bien eſperer en la Prouidence, ils gaignerent pays ſur le riuage de la mer, auec des incommoditez pour le manger, & principalement pour le boire, qui ne ſont pas croyables, plusieurs mourant de langueur & de soif, & d'autres qui s'escartoient pour aller chercher de l'eau douce, estans ou tuez par les sauuages, ou deuorez par les Lions & les Tygres, qui sortans de leurs repaires, se lançoient sur eux. A la fin ils paruindrent auprés d'vne grande riuiere, appellée du S. Esprit, par Laurent Marquese, qui le premier l'auoit descouuerte en allant de Portugal aux Indes, & remontans vers sa source, ils trouuerent vn bourg, où les Marchands Portugais venoient quelquefois de Sofala & de Mosambicque pour trafficquer auec ceux du pays. Le Seigneur du lieu, homme paisible, à comparaison des autres Æthiopiens, qui sont barbares & cruels, & qui auoit accoustumé de negocier auecque les Portugais, les accueillit fort humainement; & quoy qu'il n'entendist pas leur langage, il leur faisoit des signes qui leur tesmoignoient sa bien-veillance, & le desir qu'il auoit de les assister. Mais Sonza, qui auoit sa femme & ses enfans, & qui craignoit quelque supercherie de ce barbare, ne peust estre persuadé par ceux qui l'accompagnoient de demeurer en ce lieu, où sans doute quelques Marchands de Sotala fussent venus, qui leur eussent donné quelque aduis, & les eussent remis dans leurs vaisseaux. Il se resoult d'aller remontant du long de cette riuiere, cheminant près de cent lieuës par des deserts effroyables, où plusieurs de ses suiuans furent accablez de trauail & de faim. Pauure homme! qui n'estant pas assez talonné de ses propres malheurs, sembloit les chercher & prouocquer la fortune à luy estre cruelle. Il arriua donc apres beaucoup de pas perdus

K ij

auprés d'vne autre forme de bourg, où commandoit vn Seigneur Æthiopien, vray Capitaine de brigands. Les habitans voyans venir ces Portugais en troupe, se mirét en gros comme pour batailler; mais le signal de paix estant donné, & quelque truchement s'estant trouué parmy ces barbares qui entendoit aucunement le Portugais, ils firent sçauoir qu'ils n'estoient point ennemis, mais des estrágers, qui auoient fait naufrage, & qui ne demandoient que la vie. Cela rapporté au Seigneur du lieu, qui estoit vn fin brigand, il leur fit dire qu'il les receuroit comme hostes, pourueu qu'ils posassent les armes : ce que firét les Portugais assez imprudemment, mais pressez de la necessité. Dés le lendemain il les fit despoüiller tous nuds, leur ostant toutes leurs commoditez, & les fit mettre aux champs de la sorte, leur commandant de se retirer sous peine de la vie. Cette nudité, qu'ils n'auoient pas accoustumée, leur estoit plus fascheuse que la mort, principalement à Eleonor, chaste & vertueuse Dame, qui en pensa mourir de douleur. Cela fut cause qu'ils se débanderent, & Emanuel ayant auprés d'vne forest fait vne cabanne à sa femme & à ses enfans, plus pour les couurir de la honte, que des injures du Ciel, alla quelques iours à la chasse, d'où il apportoit quelquesfois à manger à cette femme desolée, & à ses enfans, qui en fin moururent l'vn apres l'autre; sa femme s'estant fait creuser vne fosse dans le sable pour cacher sa nudité, & couurant le reste de ses cheueux espars: estant morte Emanuel se lança dans les bois où il mourut de faim ou de douleur, & fut deuoré par les bestes sauuages, car on ne sçeut ce qu'il deuint. Quelques autres descendirent en troupe du long de la riuiere, & reuindrent à ce premier Seigneur qu'ils auoient rencontré depuis leur naufrage: Mais ils n'estoient plus que vingt-six, qui en fin apres auoir long-temps attendu, furent emmenez au Mosambicque par vn Marchand Portugais, & de là quelques-vns s'estans mis dans la premiere flotte qui passa, regagnerent le Portugal, & porterent les nouuelles du pitoyable Naufrage d'Emanuel, tel que nous l'auons raconté, & dont toutes les circonstances sont plus dignes de larmes, que d'aucune autre consideration.

Le tesmoignage des Oiseaux.

HISTOIRE XIX.

NOn, ce n'est point icy la fable d'Ilicus, dont ie fais vne Histoire, & ie ne parle point en ce lieu de ces vains augures que tiroient les anciens Romains du vol des oiseaux, ny mesmes de ces superstitieuses obseruations que tirent de leur rencontre certains esprits assez foibles. Ie veux seulement faire voir par ce veritable recit, que Dieu, qui s'est seruy autrefois des moufcherons & des vermisseaux pour chastier Pharaon, arme quand il luy plaist toutes les creatures contre les pecheurs, & les amene au chastiment de leurs fautes par des moyens admirables.

Deux brigands accoustumez au meurtre, ayans vn iour rencontré vn bon Marchand sur vn grand chemin, non contens de luy auoir osté l'argent qu'il portoit pour faire son traffic, le tirerent à quartier, & de peur qu'il ne les recogneust quelque part & ne les accusast, ils l'esgorgerent. Ce pauure homme voyant que par ses prieres & par ses larmes il ne pouuoit obtenir la vie de ces execrables, voyant voler des Corneilles en l'air leur fit vne Apostrophe, & comme si elle eussent esté capables de raison, les conjura de porter témoignage de sa mort contre ces assassins. Ils se mocquerent sur le champ de son imprecation ; & à trois iours de là, côme ils beuuoient en vne hostellerie voila vne grâde quantité de Corneilles qui se vient percher sur cette maison, faisant vn tel bruit, qu'il est estoit

espouuentable. Il y en eut vn tout effrayé qui dist, ie croy que voila les tef-
moings de hoftre homme. Ce mot
entr'ouy par vn valet qui leur apportoit à boire, ne tomba pas à terre,
mais fut rapporté à l'hofte, qui ayant
fçeu qu'vn corps mort auoit efté trouué à cofté du grand chemin par le
moyen d'vne troupe de Corneilles, fe
douta que ces beuueurs ne fuffent
coupables de ce meurtre, il fait venir
le Magiftrat qui fe faifit d'eux, & la
varieté & coupure de leurs refponces
appliquez à la queftion, ils recogneu-
rent le faict ainfi qu'il s'eftoit paffé, &
virent bien que c'eftoit la Iuftice du
Ciel qui les auoit pourfuiuis par ces
animaux, & les auoit conduits au
fupplice qu'ils auoient merité. Tant
eft veritable ce mot de l'Euangile,
que fi les hommes fe taifoient & retenoient la verité injuftement prifon-

niere dans le silence, les pierres pousseroient des voix pour la publier.

Le Preuost scrupuleux.

HISTOIRE XX.

SI le sel est gasté, auec quoy salera-t'on ? si la lumiere s'esteint, auec quoy esclairera-t'on ? & si la regle plie, auec quoy redressera-t'on ? Certes, quand les chiens s'entendent auec les loups, il va mal pour les brebis ; & quand ceux qui sont destinez pour purger le monde de brigandages ont des intelligences auec les voleurs, que peut-on esperer en la Police sinon toute sorte de desordre ? Nous verrons par cette Histoire si ce que l'on conte de la correspondance des Preuosts & des larrons, est fondé en apparence ou en veritable raison.

Le Preuost d'vn lieu que ie ne veux pas nommer, homme sujet à se laisser corrompre, ayant vn iour fait capture d'vn insigne voleur, le iugea Preuostablement à estre pendu & estranglé; c'est à dire qu'il n'y auoit point d'appel de sa Sentence. Le criminel qui auoit dequoy, & qui sçauoit l'humeur du Preuost, luy fist offrir vne grosse bource toute pleine d'escus au Soleil couronnez. Les rayons de ces astres des abysmes donnerent dans les yeux du Iuge, & le détraquerent du sentier de la Iustice. Il estoit tenté de les prendre, & de sauuer la vie à ce pendard; mais la difficulté estoit grande, la Sentence de condamnation à mort desia prononcée. Regardez de quelle subtilité s'auisa son auarice. Il fait conseiller au criminel de dire qu'il estoit Clerc tonsuré, & mesme qu'il estoit dans les Ordres. Le criminel ne manqua pas de dire ce qui luy estoit conseillé, encore qu'il fust faux. Lors le Preuost faisant le scrupuleux & le deuot enuers la saincte Eglise, commença à dire, que l'on me détache cet homme, ma Iurisdiction ne s'estend point sur ceux qui portent Couronne, ie le renuoye à son Iuge, qui est l'Official, puis se tournant vers les assistans ; Voyez Messieurs, la grande faute que i'ay pensé commettre, & qui m'eust fait tomber en de grandes censures. Cet hypocrite sauua de cette sorte ce scelerat, & encore depuis il se mocquoit de son tour de souplesse, faisant allusion de cette teste pretenduë couronnée aux pieces d'or portans Couronne, qui en estoient tombées en ses mains. Certes on mene quelquefois des gens au supplice qui ne sont pas si coupables que ceux qui les y condamnent.

La Grandeur inaccessible.

HISTOIRE XXI.

LE comble de la Grandeur ne consiste pas à tenir les premiers rangs, mais à auoir plus de puissance, & ce faiste est assiegé de tant d'affaires & d'importunitez, que ceux qui jugent sainement de cette oppression, ont plus de pitié de ceux qui sont en ces hauts lieux, que d'enuie de leur fortune. N'auoir point de sommeil reglé, ny mesme ses repas en repos, estre continuellement assiegé d'vne foule de personnes, qui accablent de demandes & de requestes, n'est-ce pas l'effet de ce mot qui dit,

qu'vne grande qualité est vn grand
esclauage. Celuy certes qui est necessaire à beaucoup, est accablé de beaucoup, & les puissans sont puissamment tourmentez ; à raison dequoy les Souuerains, pour auoir plus de moyen de respirer sous le faix qui les presse, & de prendre quelque relasche dans les plaisirs, ont accoustumé de se descharger sur des confidens, qui se voyent aussi-tost assiegez qu'esleuez, & qui de leur costé ont autant de peine à se cacher, que d'autres à paroistre.

Le Duc de Lerme a esté de nostre âge vn des plus grands fauoris, & qui a le plus long temps & le plus absoluëment gouuerné son Maistre & ses Couronnes ; & pour éuiter l'accablement des affaires dont il estoit enuironné, & sous quoy il gemissoit comme ces geans sous les eaux dans l'Es-

La Grandeur inaccessible. 159

criture, il se rendoit si sauuage & si peu accostable, que la plus grande plainte que l'on fist contre luy, c'estoit qu'on ne le pouuoit aborder. Car ceux qui luy pouuoient parler s'en retournoient tousiours si satisfaits de luy, que par tout ils publioient ses loüanges comme les oiseaux de Psafon. Il faut auoüer que les Princes d'Italie & les Grands d'Espagne ont cette methode pour se rendre plus respectez, de se communiquer fort peu, parce qu'en effet la familiarité rauale de l'estime; mais ce Duc estoit excessif en cette regle, & la difficulté de le joindre faisoit murmurer beaucoup de gens. Ordinairement le Roy qui s'estoit deschargé sur luy de la conduitte de ses Estats & de ses plus importantes affaires, luy renuoyoit toutes les requestes qui luy estoient presentées. Vn Capitaine reuenant des guerres de Flandres, & pretendant quelque recompense estoit à la Cour à Madrit, en l'attente de l'effet de ses iustes pretensions; mais la difficulté estoit d'aborder le Duc de Lerme, n'en pouuant trouuer le moyen, il vid vn iour sortir le Roy, qui s'en alloit en deuotion à vn Conuent de Capucins, à vne demie lieuë de Madrit, appellé *Nuestra senora del Campo*. Il approche de sa Majesté & luy presente son Memorial. Le Roy ne le reconuant pas luy dist, *Vay al Ducque*, le renuoyant au Duc de Lerme. A quoy ce Capitaine repartit, Seigneur, luy dit-il, ie ne suis pas si neuf en cette Cour, que ie ne sçache que c'est à luy qu'il faut aller, & si ie l'eusse peu aborder depuis le long-temps qu'il y a que ie me consume icy, ie ne fusse pas venu à vostre Majesté. Le Roy, qui estoit extremement bon, oyant cette ce courageuse response en fist estat, prit son Memorial, & luy promit de l'expedier. O Seigneur, dit le Capitaine, si vous luy voulez recommander mon affaire, pour l'amour de vous il fera beaucoup pour moy: le Roy rit de cette joyeuseté, & prit de là sujet de commander au Duc qu'il se rendist plus accostable. En ce mesme temps le Duc ayant rencontré en passant par la court du Palais du Roy vn Poëte qui estoit fort estimé, & qui auoit fait de beaux vers à sa loüange; Seigneur tel, luy dist, d'où vient que ie ne vous vois plus, il semble que vous m'ayez oublié: l'autre luy repart Seigneur, pour arriuer à vous il faut estre corps glorieux, & auoir le don de subtilité. Voulant luy faire entendre qu'il falloit gaigner dix portes, & y donner autant de batailles pour se pouuoir presenter à luy. Ce sont là

L

les incommoditez de la Grandeur, & actiues & passiues. Actiues, parce que tous les particuliers qui doiuent passer par les mains d'vn seul homme, ont de la peine à posseder son oreille. Passiues, parce que celuy qui est butte à tant de peuple, apres auoir donné vn peu de temps à chacun, n'en a point de reste pour soy. C'est ce qui faisoit dire à cet ancien Monarque, que celuy qui cognoistroit la pesanteur d'vn Diademe ne daigneroit le ramasser pour le mettre sur sa teste. Et à dire la verité c'est estre comme le flambeau qui se consume pour esclairer les autres. Mais quoy que l'on die, l'ambition est vn mal plus aisé à blasmer qu'à fuyr, & deust-on comme Phaëton, se rendre signalé par sa cheute. L'esprit humain a cela de commun auecque le feu, qu'il pointe tousiours en haut, & sa flamme est semblable à celle d'vn flambeau, qui s'estendra plustost suffotquée de l'abondance de la matiere que de tendre en bas, & de desmentir en rien son genereux & naturel eslancement.

La Satisfaction offençante.

HISTOIRE XXII.

POVR esteindre vn feu il n'y faut pas ietter de l'huille, & quand dans la satisfaction d'vn outrage il se glisse quelque parole d'orgueil ou d'aigreur, c'est comme quand on met du sel ou du vinaigre sur vne playe. Il fallut neantmoins qu'vn certain Magistrat de qualité releuée se contentast comme il peut, & receut d'vn mauuais payeur d'assez fascheuse monnoye. Il auoit receu pour son hyuer vne charge de bois par vn Seigneur de marque, & qui auoit rendu de tres-signalez seruices au grand Henry. Ie ne veux pas dire la cause de leur querelle, parce qu'il y a ie ne sçay quoy de thatoüilleux, & qu'il n'est pas besoin de réueiller: tant-y-a que pour ceste fois la robe ceda aux armes. Comme il estoit dans vne grande compagnie, qui s'interessa dans cet affront, il fallut que ce Seigneur, suiuant le conseil de ses amis, & mesme la volonté du Roy qui luy fut declarée, se rengeast à la satisfaction qu'ordonneroient ceux qui seroient pris arbitres, qui fut telle, que l'Officier tenant vn baston à la main, diroit à ce Seigneur: Si ie voulois il est en ma puissance de te rendre le change. Il fallut que ce Seigneur qui s'estoit veu cent fois au milieu des combats & des plus sanglantes rencontres au alaft ce calice. Ils s'assemblent, l'autre prend le baston & prononce les mots couchez dans le billet; apres cela ce Seigneur qui forcenoit en son ame; Tu fais bien, dit-il, de ne le vouloir pas, & de commencer ton discours par vn si: car par (il jura terriblement) si ie croyois que tu en eusses la pensée, il n'y a ny Roy, ny Loy, ny homme, ny diable, qui m'empeschast de t'estrangler, deusse-je perdre cent testes, & estre taillé en mille pieces. Cette rodomontade faite en vne telle rencontre, sembloit offencer plus que les coups. Mais comme c'estoit vn determiné, le Magistrat plus prudent fut conseillé de ne le mettre pas au desespoir, autrement il feroit quelque rage sanglante. Cela me fait souuenir de celuy qui ayant dit à vne honneste femme vne injure outrageuse, fut condamné à luy en faire amende honorable en iugement, en se desdisant de cet outrage & en la recognoissant pour vertueuse ; ce qu'il fit en ces termes ; Ie l'ay appellée mauuaise femme, il est vray ; ie la recognois pour femme de bien, ie m'en desdis. Cela c'est faire comme ces mauuais Chirurgies, qui estropient ceux qu'ils pensent. Aussi de semblables satisfactions sont des offences redoublées, & de seconds torts pires que les premiers. Tant il est mal aisé de plier la haine & l'orgueil à vne iuste recognoissance & à vn veritable repentir.

La Fascination.

HISTOIRE XXIII.

'Appelle Fascination lors que par l'aide de la magie le sens de la veuë est tellement

esblouy ou charmé, que l'on prend une chose pour une autre : ce que les sorciers & sorcieres font assez souuét, & ce qui fut pratiqué en l'euenement que vous allez entendre. En Espagne, en la Prouince d'Andalousie (& j'apprends cette Relation d'vn Autheur Espagnol) vne Damoiselle de bon lieu deuint passionnémét éprise d'vn ieune Cheualier, beau, galand & riche, que nous appellerons Ramirez; mais tant s'en faut qu'elle trouuast de la correspondance en luy en cette affection, qu'au contraire estant attaché ailleurs, & à vn sujet de plus grand merite, il ne se contentoit pas de la desdaigner, mais il fuyoit son abord comme celuy d'vn spectre. Cette furieuse Amante ne pouuant ny viure ny mourir, & ne sçachant quel remede appliquer à sa playe, selon l'inclination curieuse de certaines filles, eue recours aux Deuins & aux Sorciers, qui luy iouërent la fourbe que vous allez apprendre. Apres l'auoir amusée de breuets & de breuuages inutiles, & auoir fait en vain des caracteres & des images enchantées, soit que leur art ne peust rien sur Ramirez, qui estoit fort vertueux & craignant Dieu, non plus que les sortileges de Cyprian, qui depuis fut Martyr sur saincte Iustine, ils s'auiserent que Cileuio, ieune Cheualier de la mesme contrée, auoit les mesmes passions pour Crispiane, que celle-cy pour Ramirez, & que d'vne pierre ils pourroient faire deux coups. Le pauure Cileuio qui ne pensoit qu'à souspirer apres les cruautez, ainsi appelloit-il les desdains de Crispiane, & qui mouroit d'enuie & de jalousie côtre Ramirez, qu'il sçauoit posseder ingratement les affections de celle qu'il adoroit, fut vn iour visité par vn de ses amis, qui estoit de ses esprits curieux qui frequentent les Magiciens. Souspirant deuant luy sa sinistre destinée, il luy donna sujet de s'enquerir de l'occasion de sa tristesse. Cileuio ne luy cela rien des mouuemens de son cœur. Surquoy l'autre luy promit de l'allegement s'il vouloit suiure son conseil. Cileuio qui se fût precipité en mille hazards pour venir à bout de ses pretensions, se laissa aisément persuader à ce faux amy qu'il consultast les sorciers, qui luy donneroient l'addresse pour paruenir où il desiroit. Ce qu'il fit, & voicy le stratageme que ces Magiciens, esprits vrayement diaboliques, luy apprindrent pour posseder Crispiane. Elle est passionnée pour Ramirez, comme vous ne le pouuez ignorer, luy diront-ils, elle nous a employez pour trauailler pour elle, afin de rendre cet homme engagé ailleurs, flexible à ses volontez, nous ferons en sorte par nos secrets, que durant certaines heures de la nuict vous aurez sa forme, & de cette façon vous aurez son accointance, & ce sera à vous à mesnager par aprés sa volonté, aprés auoir eu son corps en vostre pouuoir. Cileuio s'accorde à cet expedient, & les sorciers, qui comme des rasoirs, trenchoient des deux parts, vont à Crispiane, luy disent qu'ils remettront Ramirez à sa discretion à certaines heures de la nuict, pouruëu qu'elle trouuast vn lieu propre pour l'accoster : Crispiane rauie d'aise, leur assigne vn lieu escarté au bout du iardin de la maison de son pere où à l'aide d'vne fausse clef Ramirez se pourroit rendre. Cileuio prenant cette occasion aux cheueux, ne manqua pas de s'y trouuer, & là sous le nom & le visage de Ramirez (car les yeux fafcinez de Crifpiane le prenoient pour tel) de poffeder cette fille fous la liberté du mariage, qu'il luy iura & promit auant que d'en abufer. Comme il eft aifé de perfuader vne perfonne qui ayme, il luy fit croire ce qu'il voulut, qui ne pouuoit la voir à d'autres heures pour ne donner point d'ombrage à fes parens, que durant le iour s'il la rencontroit parmy la ville ou dans les affemblées, il ne feroit pas femblant de la connoiftre; que ce qu'il voyoit Pauline n'eftoit que par maniere de paffe-temps, & pour couurir mieux auec ce voile les veritables affections qu'il auoit pour elle. En fomme il cajolla fi bien Crifpiane, ayant non feulement la face, mais encore la voix de Ramirez, enquoy la fafcination eftoit double en l'oreille & en la veuë de cette fille trompée, qu'il la tenoit en opinion de posseder celuy pour qui elle auoit tant de passion. Mais & la tumeur de Lucine & les nopces voisines de Ramirez & de Pauline amenerent au jour ce ministere de tenebres plustost que Cileuio n'eust desiré: car souhaittant auec le temps & peu à peu, desabuser cette fille trompée, & apres auoir joüé le personnage du faint Ramirez, joüer celuy du veritable Cileuio, en leuant le masque de la fascination, il fut surpris par vne rencontre que Crispiane eut auec Ramirez en vne compagnie, où ayant tiré ce Gentilhomme à part pour sçauoir de sa bouche ce qui estoit du bruit de son mariage auec Pauline, le faux Ramirez luy disant toutes les nuicts de nouuelles bayes, le vray luy dist la verité, & auec vn sens fort rassis & fort froid, luy auoüa qu'il estoit sur le point d'espouser Pauline sa maistresse. Alors la furieuse Crispiane commença à luy reprocher sa trahison & sa perfidie, à luy monstrer son ventre enflé, à luy representer leurs veuës nocturnes, sa foy, ses sermens, sa promesse de mariage; mots aussi nouueaux à Ramirez, que toutes ces actions luy estoient inconnuës. Plus il faisoit l'estonné de ce dont il estoit l'ignorant, plus il nioit, plus Crispiane haussoit son ton, & se mettoit en colere: de sorte que deuant toute cette compagnie qu'elle prit en témoignage de la perfidie & de la desloyauté de Ramirez, elle descouurit toute cette noire pratique, emplissant non seulemét son visage, mais encore tous ceux qui l'escoutoiét de cófusion. Ramirez plus esbahi de tout ce rauage que s'il fust tombé des nuës, & qui pensoit que ce fussent des illusions & des songes, proteste de son innocence

de n'auoir iamais ny aimé Crispiane
ny eû d'accointance auec elle ; son
amour & ses pensées ayans tousiours
esté fidellement attachées à Pauline;
qui luy auoit esté accordée par ses parens, & à qui il auoit donné sa parole.
Apres que la desesperée & insensée
Crispiane eut dit & fait toutes les folies & les extrauagances que la fureur
puisse produire, se retire, remaschant
des oppositions & des vengeances
contre l'innocent Ramirez, qui de
son costé se prepare à la defence. Les
voila en procez, ce qui suspend l'effet & la conclusion de son mariage
auec Pauline. En fin le faux Ramirez
luy fait dire par vn de ses entremetteurs qu'il luy desire parler, au mesme
lieu où ils auoient accoustumé de
s'entretenir pour l'esclaircir de beaucoup de choses. Crispiane fait cacher
des hommes pour surprendre cet infi-

La Fascination.

delle. Il paroist tous la semblance de Ramirez, elle fait le signal, il est pris, il paroist aux yeux de ceux qui le prennent le vray Cileuio, mais à ceux de Crispiane c'est Ramirez : tandis qu'elle l'appelle Ramirez, les autres Cileuio, l'heure du charme expire, & il paroist vray Cileuio à la trompée Crispiane. Il se iette à ses pieds, luy demande pardon de l'offence qui luy a faite, on rejette la faute sur la violence de son Amour, qui a fait tenter les mesmes voyes qu'elle auoit essayées pour se rendre docile l'esprit de Ramirez ; le fard tombe, le broüillart se dissipe, la fascination cesse, le sort s'esuanouyt, la verité se manifeste, Ramirez est tiré de peine par la confession de Cileuio, dont la vie & la mort sont en la main de Crispiane, elle fut conseillée de suiure la plus douce voye, & de recouurer son honneur par le mariage. Et Ramirez libre de cette poursuitte, perdit incontinent sa liberté dans les desirez liens des nopces de Pauline : l'effet de cette fascination se trouuant plus heureux que la cause n'en estoit iuste.

Le Mesnage & la Cour.

HISTOIRE XXIV.

LE succez seruira de miroir à ceux qui quittent le certain pour l'incertain, & le corps pour l'ombre, comme le chien de la fable. Et fera sages par l'exemple d'autruy ceux qui quittent leur repos & les biens asseurez de leurs possessions paternelles & de leurs mesnages pour suiure les ardans des vanitez & des fausses esperances de la Cour,

Cour, qui les conduisent ordinairement au precipice de leur ruine. Le Marchand qui traffique sur terre est tousiours plus asseuré que celuy qui commet tout son bien à l'inconstance de la mer ; mais quoy, la sagesse n'est pas en tous, nous dit l'Apostre, & les fols font la plus grande partie du monde. Castor & Pollux, freres jumeaux, & selon l'imagination des Poëtes sortis d'vn mesme œuf, se plaisent à differens exercices. Et les deux chiens de l'Apologue nés d'vne ventrée s'addonnerent l'vn à la chasse, l'autre à garder le paillier. Vous allez voir en cette occurrence que l'Apologue de la torruë qui arriua plustost au but que le cheual n'a pas esté inuenté sans vne grande raison, & que le bon mesnage, par la suitte du temps, surpasse les meilleures fortunes de la Cour.

M

En la Prouince des Sebusiens vn Seigneur d'ancienne Noblesse, & riche de dix mille liures de rente, que nous appellerons Eustate, apres auoir marié honnestement deux sœurs qu'il auoit, & tasché d'induire son cadet à prendre la Croix de Malte, à la fin il luy donna sa legitime, qui ne monta pas à plus de six ou sept cés liures de reuenu, & cela en vne metairie toute simple & sans aucune Iurisdiction. Ce cadet auoit tousiours esté nourry au foyer paternel, passant son temps tantost à la chasse, tantost au ménage des champs; mais Eustate auoit esté esleué aux Academies & à la Cour, & dauantage auoit veu l'Italie, l'Allemagne & la Flandre, où il auoit porté les armes, & en fin estoit venu fondre à Paris, où pour peu de fortunes qui s'y establissent, il s'y en consume beaucoup d'autres, les ruines &

decadences y estans frequentes, & les esleuations fort rares. Il s'attacha à vn Prince, & se lia tellement à ses interests qu'il les suiuoit comme son premier mobile. Il se fit vn grand remuëment en France au commencement du regne de nostre jeune Hercule, & enuiron le temps de son mariage. Eustate suiuit le party des remueurs, & sur l'esperance de paruenir aux charges où son ambition le faisoit aspirer, il faisoit des despenses excessiues, & pour cela il s'engageoit & empruntoit de tous costez. Tandis qu'il est dâs la dissipation de son bien, mangeant tous les ans le double & le triple de son reuenu, Antide (c'est le nom de son cadet) est retiré dans sa ferme qui tient ferme sur son petit ménage, & cherche vne mine d'or dans son espargne. Il cherche de tous costez vn party pour appuyer vn peu sa debile substance ; le bon-heur voulut pour luy que dans cette belle ville, capitale d'vn pays qui porte le nom du plus courageux des animaux, il trouua grace deuant les yeux d'vn Officier de Finances, qui estoit sorty d'vn pere Marchand, dont il y auoit eu par heritage de grandes richesses. Cettui-cy regarda l'illustre maison d'où il sortoit plûtost que son bien, qui estoit chetif, & luy donna vne de ses filles en mariage auecque huict mille escus de dotte. Cela enfla son reuenu plus que l'on ne sçauroit penser: car Antide entendant fort bien le ménage de la campagne & se meslant de tout, faisoit aller cette somme à vn profit merueilleux ; ce qui luy fist dans peu d'années vne grosse somme. Comme il alloit grossissant son tas, son frere enfloit ses debtes, car agité de diuerses passions qui agitoient son esprit, comme la mer l'est de son flux & de son reflux, il couroit sans cesse sans arriuer au but où il tendoit, si encore il tendoit à quelque but asseuré : car il y a assez de courtisans qui courent sans sçauoir où ils vont, & qui tirent sans visée. Apres que cette bourrasque de guerre fut accoisée, comme ces foibles vapeurs qui les matins s'abattent aussi-tost qu'elles s'esleuent, & que ses pretensions guerrieres furēt esuanouyes, il se rengea dans Paris à vne recherche, où pour paroistre plus qu'il n'estoit, il s'enfonçoit dans les debtes pardessus la teste. Les habits, la bonne chere, le jeu & les mauuaises femmes ruinerent aussi-tost ses biens & sa santé : & tant il estoit mal-heureux, il ne reüssissoit en aucune de ses pretensions, ressemblant à celuy qui poursuit vn ombre qui fuyt deuant luy, & qu'il n'attrappe iamais. Apres

donc s'estre bien engagé, ses crean-
ciers voulans estre payez d'autre
monnoye que d'esperance, commencerent à braquer les canons des de-
crets & des saisies contre les plus belles pieces de son bien. Ce fut au cadet à recueillir le desbris de ce naufrage, & à racheter tantost vn morceau, tantost vn autre, selon le droit
que luy acqueroit par l'Ordonnance
la proximité du sang, à quoy estant
aidé par son beau-pere, qui auoit vne
vraye bource de Financier, dans peu
de temps il fut maistre du fief principal & de tout le bien de son aisné, qui
apres auoir comme vn vray enfant
prodigue, dissipé toute sa substance
dans l'ambition & la vanité de la
Cour, & dans le luxe & la débauche,
reuint pauure & miserable en son
pays, auec vn corps tout gasté & perdu, reclamer le secours & la charité

de son cadet, qui luy estant autant pitoyable & secourable qui luy auoit esté dur & rigoureux, l'accueillit amiablement & en vray frere, en luy disant, Mon frere, tout ce que i'ay est vostre, faites estat que vous estes chez vous. Il l'entretint donc honnestement sain & malade iusques à la fin de sa vie, qu'il ne traisna qu'en langueur & douleur. Voila des effets bien differens de la Cour & du Mesnage, qui nous apprennent que selon la bonne ou mauuaise conduite, les facultez petites s'accroissent, & les grandes se dissipent. Il est vray qu'à la suitte des Grands & à la Cour, on acquiert quelquefois en vn iour, ce qui ne s'amasseroit pas en trente ans de Ménage : Mais qui considerera l'incertitude & l'inconstance de la fortune, mere de si peu, & marastre de tant de gens, & que de se commettre au hazard & au fort c'est vne chose contraire à la raison & à la prudence, confessera, ie m'asseure que comme les fruits se rotissent au Soleil & se conseruent sur la paille, il y a bien des gens qui perdent le leur dans la splendeur de la Cour, qui l'eussent conserué à l'ombre de leurs ménages ; & qu'en tout cas il est plus agreable d'estre soy-mesme artisan de sa fortune, que de la deuoir à vn Grand, qui vous tiendra toute vostre vie pour son esclaue & pour sa creature, comme ils parlent : Car puis que l'homme a esté condamné par la bouche de Dieu à manger son pain en la sueur de son visage, & est renuoyé à la Fourmi, pour apprendre à estre ménager, & à viure de son industrie ; il est & plus conforme à la nature, & plus honneste de deuoir son auancement à son trauail que d'estre à la Cour oyseau de proye & de rapine, & y faire son profit par le dommage des autres. Certes ce pays-là, où comme en la mer les gros poissons aualent les petits, & où nul ne se peut releuer que par le raualement de son prochain, est vne vraye terre de Canaan qui deuore ses habitans, & vne vraye Megare où les Citoyens se mangeoient les vns les autres. Vne bouchée de pain, dit la saincte Parole, acquise & mangée en paix, vaut mieux qu'vne table chargée de viandes delicates, mais enuironnée de tumultes, de soins & d'inquietudes.

La Taille.

HISTOIRE XXV.

LEs pauures villageois surchargez de tailles & d'imposts, sont quelquefois contraints de trauerser les mers & les montagnes pour éuiter les Sergens & les subsides, & de chercher sous vn air estranger le soulagement qu'ils ne peuuent trouuer en la terre de leur naissance. Les Princes d'Italie, qui en leur petitesse contrefont les Roys autant qu'ils peuuent, sont excessifs en impositions, & faisans les leuées reelles, ils mettent en mesme rang le Noble & le roturier. Dans vn Estat de cette nation là, que ie ne veux pas nommer, il aduint vn cas fort pitoyable, dont la cause estoit l'impost ; mais l'effet à mon aduis, doit estre sinon en tout, au moins en partie, attibué à la brutalité du paysan. Les Sbious, c'est ainsi qu'ils nomment les Sergens, ayans esté faire leur cueillette en vn village, trouuerét en l'absence du mary qui estoit allé au marché védre quelque bestail pour payer l'impost au Prince, la femme nouuellement accouchée qui allaictoit son petit enfant dans son lict. Ils demandent la taxe, cette pauure femme leur dit que son mary n'estoit pas encore de retour du marché, d'où il deuoit rapporter de l'argent pour satisfaire à sa cottisation. Ceux-cy abusans du nom & de l'auctorité du Prince, prennent cette excuse pour refus, saisissent tout ce qu'ils trouuent de bon, iusques au lict de plume, & à la couuerture du lict de cette pauure femme, & quelques autres ytensiles, & s'estans mis à boire & à manger, consumerent tout le pain qui estoit en cette pauure cabanne, & quelques autres viures, & laisserent cette famille miserable & desolée. Le mary reuient tout tard, apportant de l'argent de la vente qu'il auoit faite, & voyant le rauage que les Sergens auoient fait dans sa maison, entra dans vn desespoir estrange: car deux petits enfans qu'il auoit luy demandans du pain, & n'en trouuant point dans le lieu où il auoit accoustumé d'estre, n'y trouuant qu'vn grád cousteau, dont on se seruoit à le couper: Puis que ie ne vous puis donner à viure, dit-il, faut que ie vous baille la mort: & en disant cela leur plongea ce cousteau dans le sein & les tua, prest d'en faire autant à sa femme & à son petit, si elle ne se fust iettée à corps perdu auec son nourrisson dans vne estable voisine. Ce que voyant ce mal-heureux pere, il se fourra luy mesme le cousteau dans la poictrine & se tua. Pensez-vous que la calamité s'arreste à ce poinct, oyez le reste. Ce mary & cette femme estoient ordinairement aux mains,& faisoient vn assez mauuais ménage;& dit-on que celle-cy, comme vne autre Amazone, se deffendoit si bien que quelquefois l'homme portoit les coups. La Iustice des lieux,qui n'estoit pas desalterée s'alla imaginer que c'estoit cette femme qui auoit fait ces trois meurtres, & ce fut auec peine qu'elle s'en iustifia. La terre cependant, la petite vigne ou le pré, demeurerent pour les frais des formalités: ainsi la Iudicature deuora le reste du fisque. Ie n'auance pas cette Histoire pour blasmer les iustes tailles que les Princes leuent sur leurs subjets, sçachant ce que l'Escriture nous apprend, qui est, de payer le tribut à qui est deu le tribut, la taille à qui elle est deuë, beaucoup moins pour taxer les Souueraines de la rigueur de leurs Officiers & Exacteurs. Israël sous l'esclauage d'Egypte ne se plaignoit pas tant de Pharao, que des Maistres de ses ouurages, qui le tourmentoient. Certes, les Princes sont trop genereusement nés pour trauailler leurs subjets de leur propre mouuement, les violences ne sortent ordinairement que de ceux qui abusent de leur nom, de leur authorité & de leur puissance.

Le plaisir de Prince.

HISTOIRE XXVI.

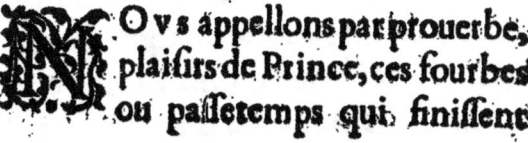Ovs appellons par prouerbe, plaisirs de Prince, ces fourbes ou passetemps qui finissent

auecque douleur, & qui ont quelque
funeste catastrophe. Et certes comme les Princes sont excessifs en tout,
si leurs diuertissemens ne sont singuliers & extraordinaires, ils n'y ont
point de contentement. Vous en allez entendre vn qui eut vne issuë toute autre que n'eust desiré le Prince qui
en fut l'inuenteur, & qui nous apprendra la verité de cette Sentence sacrée,
que les pleurs sont pour l'ordinaire à
la suitte d'vne extreme ioye, & que
les plaisans desplaisirs se trouuent en
leur fin estre de desplaisans plaisirs.

Vn Prince d'Italie, que ie n'ay
garde de nommer, venant à vacquer
l'Office de Chancelier de son Estat,
ietta les yeux sur vn de ses anciens
Seruiteurs, qu'il auoit de longue
main destiné à cette charge, sans luy
en donner neantmoins aucune esperance. Et parce qu'il y auoit vne si

longue distance entre la charge où il estoit, qui se pouuoit dire des moindres de la Iudicature, encore qu'il fust capable de quelque chose de bien plus releué, & qu'ayant autrefois enseigné publiquement la Iurisprudence, il eust paru sur les rangs pour vn des premiers Iurisconsultes d'Italie, il s'estoit neantmoins, tant son esprit estoit moderé & esloigné de l'ambition qui regne souuerainement dans les Cours, contenté d'vne fortune mediocre, exerçant sa charge auec beaucoup d'integrité, & seruant son Prince auec toute la fidelité desirable. Le Prince qui estoit d'agreable humeur, & qui vouloit se donner du passetemps en cette promotion, se resolut de luy bailler la plus chaude trousse dont on se puisse auiser. Il auoit donné le mot à quelques satellites qui feroient comme les executeurs

teurs de sa sainte colere, auecque
commission de faire ce que vous allez
ſire. Il enuoye querir Eunome, nous
appellerons ainſi ce bon perſonnage,
homme de vie entiere & irreprehen-
ſible, s'il en fut iamais, & de mœurs
douces & innocentes. Auſſi toſt il
paroiſt deuât ſon Prince, qui armant
ſon viſage de tous les traits de la colere, & mettant des flambeaux dans
ſes yeux, apres auoir ietté ſur luy vn
regard furieux & trauerſé, & comme
dit l'Eſcriture, meſſager de mort, d'vn
ton de voix aſpre & poignant, apres
les eſclairs il luy fiſt ouyr cette voix de
tõnerre : Comment traiſtre & ſeruiteur que tu es, eſt-ce donc là le fruit
& que i'attendois de toy, apres tant
de faueurs & de bien-faits que tu as
reſſentis de ma liberalité ? Ie t'ay
eſleué de la bouë, & de chetif pedant
que tu eſtois, ie t'ay mis au rang de

N

mes Officiers ? tu ſçais que iamais pour aucune grace que tu ayes deſiré de moy le refus n'a eſté ſur mes levres? que tu eſtois l'homme de mes Eſtats de qui ie faiſois le plus d'eſtime pour ſa capacité & ta ſuffiſance? & meſme pour la reputation d'integrité que ton hypocriſie, pluſtoſt que ta ſincerité t'auoit acquiſe: Mais Dieu me garde de me fier iamais à ces bigots, à ces humeurs froides, à ces mines triſtes, qui ſont autant d'eaux croupies & relantes, qui n'engendrent que des crapaux, & des ſerpents de perfidie & de deſloyauté. Certes ſi vn ennemy ou vn eſtranger euſt machiné contre moy vne ſi horrible trahiſon, encore ie ne l'euſſe pas trouué eſtrange, il n'y a Prince pour iuſte qu'il ſoit, qui n'ait des enuieux & des ialoux de ſa grandeur: mais, qu'vn ſubjet, vne creature, vne perſonne obligée en tant de

manieres, ait peu conceuoir vne si
detestable meschanceté; c'est ce qui
me creue le cœur, ne me trouuant pas
en seureté non seulement au milieu
de mon peuple, mais mesme de
mes propres Officiers, qui ne tiennent rang que par moy, & qui
mangent mon pain tous les iours:
Mais puisque Dieu m'a fait découurir
miraculeusement cette trame, & m'a
monstré sa protection, & me deliurāt
de la dextre d'iniquité & du cousteau
des malings, à luy en soit la gloire:
Mais puisque ce n'est pas en vain qu'il
m'a mis en main le glaiue de sa Iustice pour la punition des meschás, & le
soustien des bons, il n'est pas raisonnable que ie me desnie à moy-mesme la raison que ie ferois faire au
moindre de mes subjets, aussi en pren-
dray-je vne si solemnelle vengeance,
que sa grandeur sera memorable à la

posterité, & te fera sentir, combien est pesante la main d'vn Prince iustement irrité contre tes desloyautez & tes ingratitudes. Auecque ces mots faisant signe à ses satellites de se saisir d'Eunome, & d'en faire selon qu'il leur auoit commandé, il passe vne porte, entre das vn cabinet où ils s'enferme, laissant ce pauure homme plus mort que vif, & qui auoit comme vn criminel qui a ouy sa Sentence de condamnation, & de condamnation Souueraine & sans appel, entre les mains de ces gens qui sans luy donner le loisir de repartir vn seul mot de iustification, prenant son silence & son estonnement pour aueu, l'entraisnent, ou plustost l'enleuent dans des prisons qui estoient au Palais du Prince, où l'on ne mettoit que les prisonniers d'Estat, ou ceux qui estoient accusés ou soupçonnés de crime de leze-

Majesté, ou de rebellion & perfidie. L'horreur luy saisit tellement les esprits, qu'il ne peut iamais rien dire, sinon de penser à sa conscience, & de crier Confession, Confession, au moins Seigneurs que ie ne meure pas sans Confession. A cela les gardes qui auoient le mot luy respondoient en l'outrageant de paroles terribles, que son crime estoit si notoire, qu'il n'auoit que faire de secrette Confession, & que seulement il se recommandast à Dieu. Le bon Eunome qui auoit l'ame plus blanche d'innocence que n'est la neige qui blachit les sommets des Alpes d'vne eternelle candeur, ne pouuoit repliquer autre chose, sinon qu'il estoit innocent, & qu'il n'auoit iamais eu aucune mauuaise pensée contre son cher Maistre, pour qui il voudroit donner mille vies. Les soldats faisans de grandes huées estouffoient tous fes propos dans leurs cris, ce qui redoubloit le trouble de cette ame esperduë de frayeur. Arriué dans la prison on luy déchire son manteau & sa soutane en mille pieces, & font des mines comme s'ils l'eussent voulu mettre en pieces, ou par grace ne faire que l'estrangler. Eunome criant mercy à Dieu, à son Prince, & protestant tousiours de son innocence, à la fin ils le laisserent là apres l'auoir despoüillé comme pour penser vn peu à Dieu, en attendant que des bourreaux vinssent pour luy faire sentir vn cruel & épouuentable supplice. Accablé de ces frayeurs il se mit en prieres, qu'il fit, comme vous pouuez penser, les plus chaudes qu'il peut, lorsque la Tragedie se changeant en Comedie, voicy entrer vne suitte de Gentilshommes & de Pages de la maison du Prince portans diuerses choses. On le met dans vne chaire de velours cramoisi, on le reuest d'habits precieux, on luy baille vne soutane de satin, ou l'endosse d'vne robe de velours cramoisi, on met sur ses espaules vn chapperon de drap d'or doublé d'hermines, sur sa teste vne tocque de velours noir au bord d'hermine, & vn Gentilhomme vint le dernier qui luy presenta vn petit coffret de velours où estoient les Sceaux du Prince & de l'Estat, & le traittant d'Excellence le salüa Chancelier de la part de son Maistre, l'asseurant que tout ce qui s'estoit passé auparauant n'estoit qu'vne galanterie & ioyeuseté du Prince, dont il cognoissoit assez l'humeur pour iuger que ce qu'il luy disoit estoit la pure verité. Le pauure Eunome enfoncé dans les pensées de mort & de l'autre vie, se réueillant cómo d'vn profond sommeil auec vn grand souspir: Dans

Le plaisir de Prince.

le desordre où ie suis, reprit-il, il m'est
mal-aisé de sçauoir si ie dors ou si ie
veille; mais ie diray bien par songe
Prophetique, que si ce que vous me
dites est vray, ie n'aurois pas loisir de
rendre à mon Prince de grands seruj-
ces en ce tresloeminente charge, dont
ie suis tres-indigne, car vn tel tapage
s'est fait dans ma santé, que ie ne croy
pas la recouurer iamais. On l'amena
deuant le Prince, qui rioit tant qu'il
pouuoit, lots quand bon Eunome se
laissa choir à ses pieds tout estonné :
O my de ioye, dit le Prince, de se voir
si soudainement estouué, & contre son
attente. On le porte sur vn lict, à force de remedes il reuint : son le saigne
sur le champ, le sang se trouua si alte-
ré que le Medecin en fit vn tres-mauuais augure, vne grosse fieure le saisit,
dont il mourut au bout de trois iours y
estant toute les heures visité de son Prince

Le plaisir de Prince.

ce, qui le baisa & le pleura mort, disant qu'il perdoit le plus homme de bien, le plus capable & le plus fidele de ses Estats. Il fit de grands regrets de cette perte, & se repentit plus d'vne fois de son Plaisir de Prince, reprenant ses Gardes, comme l'ayant traitté trop rudement, & luy ayant donné l'allarme plus chaude qu'il ne vouloit ; En cela vrais soldats de Pilate, qui outrepasserent le commandement. A n'en mentir point, par respect & consideration, i'ay déguisé, & s'il faut vser de ce mot estranger, i'ay trauesti cette Histoire, mais ç'a esté sans alterer en rien par ce déguisemét le corps de la verité du faict, & sans oster rien du tout de l'vtilité de l'exéple, qui nous apprend qu'il ne fait pas bon av se jouer aux Princes, ny leur seruir de jouet. Ils sont pourtant ces Dieux de la terre, puissamment ellenez, qui font des hommes, dit cet ancien Comicque, comme des pelotes en s'en joüant, & qui ont leurs subjets en leurs grandes mains comme des jettons, tantost les faisans valoir des centaines & des milliers, tantost des zeros en nombre ou bien des Heros en ombre.

La parfaicte Mortification.

HISTOIRE XXVII.

IL me semble que le plus haut faiste de la mortification accomplie, est de recevoir le message de mort, comme parle l'Apostre, non seulement sans regret, mais avecque ioye. Ie me suis réjoüy, disoit le Psalmiste, en ce qui m'a esté raconté; c'est, que nous irons bien tost en la maison du Seigneur. Et certes ce diuin Prophete est si frequent en ses souhaits de mort, & en ses desirs de voir Dieu, qu'il est aisé à iuger que son ame ne tenoit en ce monde que par le simple fil de la necessité. Quand viendray-ie & apparoistray-ie deuant la face de Dieu? Mes larmes m'ont serui de pain iour & nuict, tandis que l'on me demande où est ton Dieu? Mon ame a eu soif de son Dieu, source de vie. Non, ie ne seray iamais en repos iusques à ce que i'aye rencontré le seiour du Seigneur, le Tabernacle du Dieu de Iacob; c'est là où les iustes m'attendent en la retribution du Seigneur: en somme tous ces diuins Cantiques ne sont parsemez que de semblables élancemens. Le grand Apostre tout de-mesme desire estre deslié pour estre auecque Iesus-Christ: pauure, moy, dit-il helas, qui me deliurera du corps de cette mort: Ma vie c'est Iesus, & la mort c'est mon aduantage. Et à dire la verité, encore que ce soit peu de chose, que nostre vie, c'est neantmoins vne grāde chose que son mespris: Mais il y a encore vne autre espece de mortification dans la mort qui me semble merueilleusemēt signalée, c'est lors qu'on ne se plaint pas des douleurs de la mort, attēdant en silence & en espoir le salutaire de Dieu, en attendant Dieu auec vn grand courage, & en souffrant sans souspirer les traits de la Iustice & de sa rigueur. Peut-estre, me dira-t'on, que ie voudrois mener vne personne dans l'insensibilité des Stoïques, plus imaginaire que possible, & que tous ne sont pas des Laurens pour prendre les flammes & les charbons ardans pour des fleurs & des roses: que la douleur la plus miserable de toutes & celle qui n'a point de voix pour se pleindre : que le Sauueur mesme qui n'auoit que des propassions, & qui n'a souffert & qui n'a esté offert en sacrifice que parce qu'il l'a voulu, a bien tesmoigné par ses discours que son ame estoit triste iusques au mourir, priant son Pere que le Calice de sa Passion s'escartast de luy, & luy demandant en la Croix pourquoy il l'auoit abandonné pour estre l'homme des douleurs, & n'auoir rien de sain non plus que Iob, depuis la plante des pieds iusques au sommet de la teste, estant entierement consumé comme vn parfaict Holocauste. Il est vray que le Sauueur a vrayement porté nos langueurs & soustenu nos infirmitez : car comme nous auons esté enrichis par sa pauureté, aussi auons-nous esté gueris par ses blesseures. Mais comme il a dit que ceux qui croiront en luy feront des choses plus grandes qu'il n'a faites : ce que nous lisons de plusieurs miracles operez en son nom par des Saincts, dont nous ne lisons point qu'il en ait fait de semblables : Aussi voyons-nous plusieurs Martyrs & autres Saincts auoir souffert la mort auec autant de joye qu'il tesmoigna de tristesse en la sienne. Tout ce grand frontispice m'est coulé de la plume sur vn exemple d'vne simple fille, que ie veux tirer de la poussiere de l'oubli à la gloire de celuy qui choisit les choses infimes pour confondre les fortes, & les folles pour conuaincre les sages, & qui par la main foible d'vne femme, mit la confusion en la maison de Nabuchodonosor.

En vne Congregation de Religieuses instituées par le B. Euesque Theotime, vne fille de grãde saincteté, après auoir en peu d'années fait vne longue course & poussé bien auāt dans la carriere de la non feinte charité, qui est la vraye deuotion, sous la conduitte de ce sainct Prelat; fut en fin attaquée d'vne fievre lente qui la mina petit à petit, & la mena à ce sommeil bien aimé des esleus, qui les fait pousser dans l'heritage du Seigneur, vous iugez bien que ie veux dire la mort. Durant tout le temps qu'elle fut dans le Monastere, elle n'auoit iamais contredit à aucune obeïssance, ny lasché vn mot de murmure ou de plainte pour aucune incommodité qu'elle ressentist: quelque necessité qu'elle eust elle ne demandoit iamais rien, tant elle s'estimoit indigne de toute assistance. Et pour ne faire icy vn Eloge de sa vie, qui demanderoit beaucoup de pages, ie me contenteray de dire qu'en toute sa maladie, qui fut longue & douloureuse, elle ne se plaignit iamais, benissant sans cesse le nom de Dieu, & pressans son mal sous le silence de telle façon qu'il sembloit qu'elle n'endurast rien. Peu d'heures deuant que de rendre son ame heureuse au baiser du Seigneur & entre les bras de l'Espoux celeste, le grand Theotime, Pere Spirituel, & Conducteur de cette saincte ame depuis vingt ans, & qui auoit recognu en elle vne pieté & vne pureté extraordinaire, accompagnée d'vn grand nombre d'heroïques vertus, l'assistoit en ce dernier passage, pour presenter à Dieu cette Hostie, viue, pure, sans tache, & estre present à la sortie de cette Colombe quand elle s'enuoleroit de l'arche de son corps. Cette pauure fille qui s'estoit tousjours fort exercée à l'humilité, à la patience & aux mortifications interieu-

res

res & exterieures, sentant les derniers efforts de la nature & ces douleurs preambulaires de la separation de l'ame & du corps, douleurs que l'on peut par vne conjecture probable, tenir pour les plus extremes que l'on puisse sentir; puis qu'elles sont cause de la dissolution de ces deux pieces si vnies & si jointes: cependant cette pauure fille reduite à ce poinct, n'osoit gemir ny se plaindre, contraste estrange de la nature accablée, & de la grace fortifiante. A la fin n'en pouuant plus, & craignant de dire Adieu auecque le Psalmiste; Seigneur i'endure violence, respondez pour moy, tournant ses regards languissans & mourans vers Theotime, Mon Pere luy dit-elle, priez pour moy: car ie suis affligée de pensées d'infidelité enuers Dieu. Ce sainct Euesque croyant que ce fussent des pensées contre la

Foy, qui sont ordinairement les derniers & plus furieux assauts dont l'ennemy de nostre salut trauaille ses ames en l'agonie de ce dernier passage, sçachant qu'il luy reste peu de temps pour conquerir ou perdre vne ame, & que celle qui perd la Foy perd tout, puisque sans cette vertu il est impossible de plaire à Dieu, & d'auoir accez à sa grace ny à sa gloire, commence à la fortifier sur la creance de nos mysteres, luy remonstrant qu'il n'estoit pas temps de douter de ce qu'il falloit maintenir mesmes aux despens de la vie. Mais la pieuse fille luy dist que ce n'estoit pas de cela qu'elle estoit trauaillée, n'ayant iamais par la grace de Dieu, douté d'aucun article de nostre creance, & lors moins que iamais; mais qu'elle auoit peur de n'estre pas fidelle à Dieu; & en suitte de cette parole, comme si

La parfaicte Mortification.

elle se fust plainte, elle s'accusoit d'impatience & d'immortification. Ce bon Pasteur qui sçauoit les ruses du Lion rugissant & de ce grand Dragon ouurier des illusions, craignoit fort que cette ame n'eust quelque chose de caché, encore que tousiours il eust recognu en elle vne candeur extreme. L'exhortant donc à ne perdre pas à cet instant la confiance en luy qu'elle luy auoit tousiours tesmoignée si entiere, & de luy dire franchement ce qui se passoit dans son esprit: Ie le ferois volontiers, dit-elle, mon Pere, mais en cela mesme de commettre vne infidelité enuers Dieu: Non, ma fille, reprit le B. Theotime, il n'y a point d'infidelité à dire simplemét les sentimens de son ame; au contraire, puisque ie le desire & vous l'ordonne, vous y aurez le merite de la saincte obeïssance. Il eut vne extreme peine, à ce qu'il m'a dit quelquefois (car c'est de luy-mesme que l'ay apris cette Histoire) à rasseurer son esprit contre la vaine crainte de commettre vne offence ou imperfection en vne chose qui estoit le plus haut poinct où puisse aller la parfaicte Mortification & la patience accomplie. En fin apres vne longue suspension & beaucoup de remonstrances & de pressantes persuasions ; Mon Pere, dit-elle, se faisant vn extreme effort d'esprit, c'est pour vous obeyr que ie vous demande seulement par forme de question, si ce n'est point vne infidelité enuers nostre Seigneur de se plaindre quand on ressent d'extremes douleurs, & de dire que l'on ressent bien du mal. Non, me disoit le grand Theotime, quand on m'eust osté vne maison de dessus les espaules c'estoient ses termes, ie n'eusse pas esté plus soulagé que quand elle eut lasché cette parole; & alors il luy dit, Non, ma chere fille, non, ce n'est pas vn peché de se plaindre, nostre Seigneur a bien crié à haute voix & gemi, pressé d'vne douleur interieure de cœur sur la mort du Lazare, mesme il en fremit, il pleura sur Hierusalem : & l'Escriture nous dit bien que le S. Esprit prie pour nous, c'est à dire prie en nous auec des gemissemens inenarrables. Le sainct Espoux n'est pas marry d'entendre la voix plaintiue de ses Colombes, des ames qui sont ses cheres Espouses. O Seigneur ! disoit Dauid, tout mon desir est deuant vous, & mon gemissement ne vous est pas caché ! Mon cœur s'est troublé en moy mesme, & la peur de la mort est tombée sur moy. L'Apostre mesme nous permet de plaindre moderément vn amy mort ; & en bien plus forts termes nous permettroit-il de plaindre sur nos propres langueurs. Plaignez-vous donc librement, ma chere fille, dites où le mal vous presse, soulagez-vous vn peu par ce moyen-là, non seulement vous le pouuez, mais vous le deuez faire: de peché ie n'y en vois point, & s'il y en a ié m'en charge; dites à Dieu qu'il soit auec vous en vostre tribulation, & qu'il aye pitié de vous, parce que tous vos os & vos sentimens sont esbranlez & esmeus. Certes, mon Pere, reprit cette bonne fille, ie pensois que ce fust vne infidelité de n'acquiescer pas aux coups de sa main sacrée, quand bien mesme elle nous tueroit. Cette plainte, ma fille reprit Theotime, n'empesche pas l'acquiescement en la pointe de l'esprit, qui n'est point subjette aux orages & aux tempestes qui se passent en la partie inferieure: mais encore où est-ce

que vous estes la plus oppressée? Mon
Pere, dit cette patiente fille, ie me sens
deffaillir par tout, & ie croy que ce
sont les douleurs de la mort qui m'accueillent, ie la reçoy de bon cœur de
la tres-aimable & tres-beniste main
de mon Dieu, ie vous supplie de luy
recommander mon ame. Alors Theotime commença à faire les prieres ordinaires de semblable recommanda-
tion, & elle de titer à la fin comme
par obedience, pour suiure les traces
de celuy qui s'estoit rendu pour nous
obeyssant iusques à la mort, & la mort
de la Croix; elle mourut en fin cette
fille si parfaictemét mortifiée, en pro-
nonçant ce grand mot de fidelité, que
le B. Theotime mettoit en la bouche
& au cœur de tous ses enfás spirituels,
Viue Iesus; ouy au temps & en l'Eter-
nité, Viue Iesus. Ame heureuse & pu-
rifiée par la mortification interieure

O iiij

& exterieure, iusqu'au dernier carat, il faut avoüer que Dieu l'auoit insensiblement conduite par des voyes droites vers son Royaume, & t'auoit donné la vraye science des Saincts, qui est celle du salut & des souffrances, & qu'il auoit rendu ses trauaux accomplis. O que cette mort fut precieuse, & que cette lampe aromatique en s'esteignant respandit vne suaue odeur! que cette cruche de Gedeon en se brisant fist paroistre vne grande lumiere, & que ce fruit en tombant fist cognoistre de maturité ! A dire ce que ie pense, il me semble que comme vne once de mortification interieure en vaut cinquante de l'exterieure; aussi entre les mortifications, soit exterieures ou interieures, vne de souffrance sans nostre choix, mais procedante de la pure ordonnance de Dieu, en vaut cent d'action; i'entends de celles que nous faisons de nostre mouuement propre. Or si vous considerez la mortification de cette fille, & si vous l'approchez de cette pierre de touche, vous la trouuerez estre de ce pur & tres-bon or que l'Escriture appelle or d'ophir: car elle enduroit le terrible des terribles, & le mal des maux, qui est celuy de la mort, en possedant son ame auec tant de patience qu'en se taisant elle s'esleuoit au dessus de l'humaine portée. Ame douce, & amoureusement craintiue, qui en mourant n'osoit dire ie meurs, tant elle auoit de peur de faire en ces derniers momens de sa mourante vie, la moindre action qui peust estre desaggreable aux yeux de celuy qui l'appelloit comme son esleuë pour mettre son Trosne en elle, & la loger en la part des Saincts en la lumiere de gloire.

Qu'à jamais ta memoire soit en benediction, & ta chaste crainte en modele & en exéple de patience accomplie, & de Mortification parfaite. Certes, c'est de ses semblables que l'on peut dire ce mot doré du grand Apostre, Vous estes morts, mais vostre vie est cachée en Iesus Christ, en Dieu.

Les nobles Comediens.

HISTOIRE XXVIII.

DANS les Armées que sa Majesté Catholique entretient au Pays-bas, il y a de toutes sortes de nations: car on y voit des Regimens d'Ecossois, d'Anglois, de Valons, de Flamands, des François, des Bourguignons, des Allemands, des Suisses, des Polonois, des Italiens & des Espagnols, & c'est vne merueille côme tât de differentes humeurs & de diuers lágages se peuuent vnir en vn mesme seruice. En la ville de Namur, capitale d'vne Comté qui fait l'vne des dix-sept Prouinces de la Germanie inferieure ou Gaule Belgicque, il y auoit des Italiens en garnison lors qu'il y arriua vne compagnie de Comediens d'Italie, qui en passant pour aller à Bruxelles, y firent du sejour pour y gaigner quelque piece d'argent. Entre leurs personnages il y auoit vne ieune fille de seize ou dix-sept ans, belle comme le iour, & que l'on alloit voir comme par miracle; elle s'apelloit Lisabletta, & estoit fille d'vne femme aagée encore assez agreable, nommée la Signora Lauiuia, qui ne se faisoit pas moins admirer par sa langue & l'excellence de son esprit, que sa fille par les merueilles de son visage. Lisabetta de son costé auoit vn certain air graue & pudique qui ne ressentoit nullement sa fille de theatre, ne faisant ce mestier que comme forcée, à quoy neantmoins elle reüssissoit auec vne grace toute singuliere, & qui iettoit du respect de la modestie dans les ames des spectateurs, au lieu que les effrontées y mettent l'insolence. Les Italiens de la garnison, tant du chasteau que de la ville, coururent à ce theatre auec beaucoup de ioye, tant à cause de leur langue naturelle qui les y inuitoit, que pour y voir ces beautez de leur pays, qui estoient tant estimées. Tous furent rauis de l'esprit de la mere & du corps de la fille ; mais & l'vne & l'autre estoient lettres closes & de nulle conuersation ; & qui ne se laissoient voir & ouyr que sur la seue. Lauiuia estoit fort honneste femme, qui esleuoit sa fille auec vn soin si exact & vne vigilance si scrupuleuse, que non seulemét elle n'eust osé parler à vn homme, mais non pas mesme le regarder, sans rendre compte à sa mere du mouuement de ses yeux. Et l'vne & l'autre estoit surueillée par Hortensio, mary de l'vne & pére de l'autre, non moins jaloux de sa fille que de sa femme, & qui les gardoit comme le Dragon des Poëtes faisoit les pommes d'or. Par cette muraille & cet auantmur Lisabetta estoit tellement preseruée, que le mal ne pouuoit approcher de son tabernacle, & elle estoit tout à fait inaccostable & inaccessible: si bien que si sa veuë publique faisoit naistre des desirs, l'impossibilité de l'aborder faisoit mourir les esperances. Il y eut vn ieune cadet Neapolitain, de bonne & illustre famille, qui estoit lors dans ces Compagnies Italiennes pour apprendre le mestier des armes dans les occasions de la guerre, qui fut si viuement picqué des graces de Lisabetta, que cette passion le porta aux extremitez que vous allez entendre aussi-tost que ie vous auray dit ce qui auoit mis ce galand parmi ces troupes si éloignées de son païs. Sçachez donc que son pere, qui auoit d'autres enfans, l'auoit tenu enfermé dans vn College, & l'auoit fait estudier, en intention de le ietter dans vn Conuent de l'Ordre de S. Dominique, ou des Freres Prescheurs, qui est fort estimé à Naples, & où les Peres de cette Religion ont des Monasteres en grand nombre, beaux à merueilles & bien fondez. Sa place y estant retenuë, & son pere le pressant d'y entrer, luy qui n'auoit nulle inclination au Mona-

Les nobles Comediens. 223

chifme, s'euada comme vn cheual eschapé, & se ietta dans les armes, s'éloignant autant qu'il peut des foyers paternels & de sa terre natale, pour n'estre point subjet aux importunitez, & mesme aux rigueurs de son pere, qui estoit vn homme terrible, & arresté à ses volontez. Il trauersa l'Italie, & se rengea à Milan parmy des bandes de cette nation, que l'on amassoit pour enuoyer en Flandres: de cette sorte il se trouua à Namur lorsque cette troupe Comique y passa. Picqué doncques iusques au vif, non moins des vertus que des beautez de Lisabetta, il se resolut de quitter les Enseignes de Mars pour s'enroller sous celles de l'Amour: & cette compagnie de Representateurs partant pour aller à Bruxelles, où estoit la Cour des Archiducs, ne pouuant viure sans ce cœur que cette fille luy emportoit, il fut contraint de suiure cet agreable aiman, ayant obtenu congé de son Capitaine sous vn autre pretexte. Se faut-il estonner si les Poëtes font faire à l'amour & par l'amour, tant de metamorphoses, que ne peut cette passion sur vn esprit qui en est maistrisé? Aurelio (c'est le nom de ce Cadet) voyant que Lisabetta estoit plus resserrée que la fille d'Acrise, & qu'il n'y auoit aucun moyen de l'aborder qu'en se rengeant parmi ces Representateurs, sans auoir esgard à la naissance ny à sa renommée, qu'il ternissoit par cette sorte d'exercice, franchit ce sault, preoccupé de cette passion que les Poëtes peignent aueugle, ou auec vn bandeau sur les yeux. Il auoit honnestemét estudié, il estoit de bóne mine, d'vn maintien adroit, d'vne grace vrayement noble; & les Italiens en general naissent Comediens auec vne disposition & inclination

nation naturelle au theatre & à la gesticulation, s'estant offert à Hortensio, maistre de la bande, sans faire cognoistre son lignage, & ayant esté trouué fort propre & de belle deffaite, il fut associé: & rien n'estant impossible à celuy qui veut & qui aime; il reüssit non moins parfaictement en cet art que Lisabetta; si bien que quãd on les voyoit paroistre sur le theatre pour raconter leurs passions ou veritables ou feintes, il y auoit vn double rauissement des yeux & des oreilles, & n'y auoit aucun des spectateurs qui ne les tint pour le plus agreable couple du monde. C'est icy où ie me seruiray de la hache de cet Orateur ancien, pour retrancher de cette narration toutes les particularitez des affections de ces ieunes cœurs, encore que ie sçache bien que l'oste de cette Histoire la partie qui la rendroit la plus deli-

cieuse, comme c'est la plus delicate:
Car Hortensio ne veillant pas moins
sur ceux de sa suitte que sur les estrangers, de peur qu'ils n'abordassent sa
femme & sa fille, & la jalousie naturelle à ceux de sa nation luy donnant
comme au Ciel mille veuës au dedans.
On ne sçauroit exprimer les côtraintes d'Aurelio & de Lisabetta, ny de
combien d'industries cettui là le seruit pour faire entendre à celle-cy ses
affections, & pour acquerir d'elle vne
reciproque bien-veillance, tant cette
fille estoit sage & accorte pour ne se
laisser surprendre, & tant elle estoit
soumise aux volontez de ses parens.
Qui eust iamais creu tant d'honnesteté parmi des personnes dont la condition est donner du plaisir aux autres, & dont la reputation est si deschirée & si décriée? Apres auoir roulé par
les principales villes du Pays-bas,

Bruxelles, Louuain, Anuers, Malines, Gand, Bruges, l'Isle, Ypre, ils s'embarquerent à Donquerque en des vaisseaux qui prenoient la route d'Espagne, où ils furent enuoyez par leurs Alteſſes au Roy Catholique auec des lettres de recōmandation comme des Acteurs excellens. Ils demeurerent aſſez long-temps à Madrit, puis ils roulerent par l'Espagne, & de là vindrent en France, tout ce grād circuit durant prés de deux ans ſans qu'Aurelio ſe fiſt cognoiſtre pour ce qu'il eſtoit à Hortenſio ny à Lauinia, mais ſeulement à Liſabetta, dont il auoit acquis les bonnes graces auec toute l'honneſteté qui ſe peut imaginer, & ſous la pretenſion d'vn chaſte Hymen, dont l'vn & l'autre nourriſſoient leurs eſperances. Certes, Hortenſio y euſt franchemēt conſenti ayant pris Aurelio pour ſes mœurs complaiſantes &

P. ij

sa civilité en grande amitié: Lauinia seule s'y opposoit, & comme elle auoit vn grand pouuoir sur l'esprit de son mary, elle retardoit tousiours cette alliance, non qu'elle n'estimast les merites d'Aurelio, mais elle disoit tousiours qu'il n'estoit pas encore temps, que ce qui estoit differé n'estoit pas perdu, que cela se feroit à loisir; & comme cela de iour à autre, auec d'assez mauuaises excuses, elle alloit remettant ces nopces tant desirées iusques à leur retour en Italie, craignant, disoit-elle, qu'Aurelio ayant ce qu'il desiroit, n'emmenast sa fille, & ne rompist leur compagnie en vn pays estrange, ce qui leur tourneroit à vn grand prejudice. De representer les amoureuses impatiences d'Aurelio sur ces delais, quand il seroit possible, ie croy qu'il seroit inutile, puisque rien n'afflige tant l'ame qu'vne esperance differée. Encore qu'il eust tousiours caché son extraction à Lauiuia, voyant qu'il n'auoit qu'elle de contraire, il creut qu'il estoit à propos de la luy faire declarer par sa fille, afin qu'elle ne retardast point dauantage ce qui ne luy pouuoit estre qu'honorable, sinon, qu'elle fust elle mesme ennemie de sa bonne fortune. Lisabetta qui voyant son aduancement dans son affection, ne manqua pas sur la permission qu'elle en eut d'Aurelio, de luy representer où l'Amour auoit reduit ce Gentilhomme, & que ce seroit vne cruauté & vne ingratitude sans exemple, si apres tant de tesmoignages de sa patience & de si grandes preuues de son honnesteté, on n'acquiesçoit à son desir: A quoy Lauiuia respondit, Ma fille, dites luy qu'il ne sçait pas ce que ie vous garde, & quand il le sçaura, que sa fortune sera aussi esleuée de vous auoir, que vous de le posseder. Ce discours estoit enigmatique à Lisaberta, qui n'en peut tirer autre conjecture, sinon, que c'estoit quelque grand tresor que sa mere luy vouloit donner pour dotte; surquoy elle fist sa responseà Aurelio, qui ne pouuoit aussi comprendre autre chose. La conclusion de cette alliance est remise au retour en Italie. Mais comme ils estoient à Lyon sur le poinct de cette tant souhaittée retraitte, lors que ces Amans ne pensoient à rien moins qu'à leur mariage, pourrissans de desirs & d'esperances leurs chastes pretensions, tout à coup sur vne lettre que Lauinia receut d'Italie, elle qui s'estoit tousiours opposée à ces nopces d'Aurelio & de Lisaberta, les proposa à son mary, & les pressa de telle sorte, qu'elles furent concluës & consumées à Lyon; Hortenſio eſtant raui d'aiſe d'auoir rencontré vn tel gendre, car Liſabetta luy deſcouurit la qualité d'Aurelio. Lauinia eſtoit de Verone, & Hortenſi, Cremonois, ſe retirans donc en leur pays, comme ils furent à Milan Aurelio ne voulut plus monter ſur le theatre, pour ne faire paroiſtre ſes folies aux yeux des Italiens: car il y a touſiours à Milan pluſieurs Neapolitains. Mais il y appriſt bien d'autres nouuelles, ce fut la mort de ſon pere, qui ſur la creance qu'il auoit qu'il euſt eſté tué en Flandres (comme Aurelio meſme en auoit fait courir le bruit) auoit inſtitué ſon cadet heritier, ſon aiſné ayant eſté miſerablement aſſaſſiné pour vne querelle. Cela luy ouure les oreilles pour le faire voler à ce débris de ſa fortune, lors qu'vne remore l'arreſta cóme il alloit voguer vers Naples à pleines voiles: Car vn iour

Lauinia ayant tiré à part Hortensio, Lisabetta & Aurelio leur tint ce langage, dont la nouueauté ne versa pas peu d'estonnement dans leurs espirits. Lorsque nous occupions le theatre de Boulogne, au commencement de nostre mariage, il vous souuiendra, Hortensio, que nous fusmes appellez en la maison du Seigneur Dom Antonio Fiori, pour faire vne representation apres vn grand festin qu'il faisoit aux nopces d'vne de ses sœurs. En attendant l'heure de la Comedie, dont le theatre estoit preparé dans vne grande salle de bal, on nous mist nous autres Acteurs dans vne chambre voisine de celle où estoit esleuée vne petite fille de Dom Antonio qui n'auoit que deux ou trois mois, i'en auois vne de mesme aage, dont i'estois moy mesme nourrisse, & que l'on m'aporta pour alaicter tandis que nous estions en l'attente de l'heure de l'Action, il me vint lors vne fantaisie bien estrange en la teste, m'en voyant l'occasion en main, qui fut, de mettre ma fille en la place de celle de ce Seigneur, qui dormoit dans vn berceau, sa nourrisse estant empeschée à ces nopces, & de prendre la sienne, qui n'est autre que la Lisabetta, que i'ay depuis esleuée comme ma fille, & qui est maintenant vostre femme, ô Aurelio. Mon dessein estoit de ne descouvrir point ce tour de souplesse que ma vraye fille, que Dom Antonio a nourrie comme la sienne, ne fut mariée à quelque grand parti, selon les moyés de ce Cheualier, qui est des plus riches de sa Cité. Maintenant qu'il a reüssi, ie ne crains point de déuoiler la verité : ce qui est arriué en cette maniere. Ma fille, à qui ils ont donné le nõ d'Ambrosine, qui estoit celui de la sœur ayant esté recherchée d'vn Gentilhomme fort qualifié de Reggio, qui en estoit deuenu amoureux, & Dom Antonio l'ayant destinée autre part, & ce Gentilhomme, qui est le Signor Ioan-Matheo Petrucci, s'estant insinué aux bonnes graces d'Ambrosine, qui haïssoit à mort celuy que son pere luy vouloit donner, la sçeut gaigner iusques à ce poinct, qu'elle se laissast enleuer: ce qu'il a fait, l'ayant emmenée à Reggio, où il l'a publiquement espousée, & auec pompe & apparat: si bien que ma fille estant logée sans qu'il en couste rien à Dom Antonio, qui est vn grád procez auecque Ioan-Matheo pour ce rapt, il sera à propos de manifester la verité, qui pourra mettre la paix entre les maisons de ces deux Gentilshommes, & de trouuer le moyen de la faire entendre accortement & de bonne grace. De l'esbahissement ou du plaisir, qui fut le plus grand dans les ames d'Aurelio & de Lisabetta, il est mal-aisé de l'asseurer, l'vn & l'autre se voyans au dessus de leurs esperances. Aurelio pretendant estre l'aisné de sa maison, & Lisabetta estre reconuë pour la vraye fille de Dom Antonio. L'importance estoit de faire entendre tout cecy à ceux à qui il importoit le plus: Hortensio ayát laissé Lauiuia à Mantoüe, alla auecque Aurelio & Lisabetta à Reggio & à Boulogne, ils font entendre ce que nous auons dit à Ioan-Matheo, qui fut fort aise qu'Ambrosine, qui estoit la vraye Lisabetta fust fille de Hortensio, parce que les poursuites que faisoit contre luy en Iustice Dom Antonio l'alloient mettre en grande peine, ce Cheualier Boulognois ayant iuré qu'il ne luy pardonneroit iamais l'affront de ce rauissement. Au reste, il estoit si an amoureux de celle qu'il auoit rauie, qu'il l'aimoit assez sans richesses. Il pria donc Hortensio & Aurelio d'aller trouuer Dom Antonio pour le rendre capable de cette verité. Ils vont à Boulongne & presentent Lisabetta, qui estoit la vraye Ambrosine, à son pere, qui creut à l'abord que c'estoit vn ieu joüé par Ioan-Matheo pour assoupir leur different. Mais le sang ne pouuant mentir, la femme de Dom Antonio recognut sa vraye fille, & se ietta à son col, descouurant dans son sein vne marque pareille à celle qu'elle auoit, & sans cette marque il ne falloit que voir en son visage le portrait de cette mere, & quelques traits d'assez manifeste ressemblance à Dom Antonio, de sorte qu'elle fut ainsi recognuë: D'autre costé Ambrosine fut trouuée tellement semblable à Hortenſio, que Hortenſio meſme penſoit ſe mirer en la regardant. Apres, lors que Dom Antonio & ſa femme ſçeurent l'honneſte education de Liſabetta, & toute l'hiſtoire de la paſſion & des auentures d'Aurelio, ils en eurent vne ioye incroyable; ils approuuerent ce mariage, & promirent à Aurelio de l'aider à rentrer dans ſon heritage. Il fut à Naples auec ſon beau-pere, où quand il ſe preſenta, on le prenoit pour vn fantoſme, tant on l'auoit tenu mort long-temps. Le cadet poſſeſſeur du bien, & qui auoit eſté declaré heritier par Teſtament, ne vouloit rien démordre: procez là deſſus, Aurelio alleguant que ſon abſence & la fauſſe creance de ſa mort, auoit donné ſujet au Teſtament: le Vice-Roy accorda ces deux freres, en leur faiſant également l'heritage. Le Cadet demeurant à Naples, & Aurelio se retirant à Bouloigne auecque son beau-pere, qui n'auoit eu qu'vne fille depuis Lisabetta son aisnée, qu'il vouloit faire son heritiere. Quant à Hortensio & Lauiuia ils se retirerent, las de roder par le monde, aupres de leur gendre Dom Ioan Matheo, qui les prit en affection, & les employa au maniment de son bien : de cette sorte tous furent contens, & ces intrigues eurent vne plus honneste fin que ne l'esperoit Hortensio. Cependant quantité de rencontres remarquables se voyent sur cette Scene ; la hardiesse de Lauiuia à faire ce change ; l'education chaste & honneste de Lisabetta dans vn exercice si perilleux pour la pureté ; la passion d'Aurelio qui luy fit oublier sa naissance pour suiure son inclination ; sa perseuerance en son affection, & sa modeste fidelité, dignes certes de la bonne fortu-

Les nobles Comediens. 219
ne qui l'accueillit; le rapt de Ioan-Matheo & son amour pour Ambroisine, qui donna iour à l'alliance d'Aurelio & de Lisabetta. Occurrences admirables, qui nous descouurent la verité de ce sainct Oracle, qui nous apprend, que Dieu atteint de bout en bout puissamment, & dispose tout à la fin qu'il a ordonnée, auecque des moyens d'incomparable suauité.

L'Interrogatoire.

HISTOIRE XXIX.

VN des plus grands Prelats de nostre France, & voisin de nostre Prouince, tenoit il y a quelques années les Ordres en son Diocese, & comme il estoit personnage de grande police,

& des plus exacts obseruateurs de la Discipline Ecclesiastique, il fit venir en son Palais pour l'assister à faire l'interrogatoire de ceux qui se presenteroient pour estre ordonnez, les plus doctes de sa Cité, soit du Clergé, soit reguliers, qui tous proposoient diuerses questions, selon les capacitez de ceux qui desiroient estre promeus. Parut entre les autres sur les rágs vn Religieux d'vn Ordre de Mandians, que ie ne nommeray que par cette petite circonstance, que ceux qui y sont enroollez, eut la reputation de dire de bons mots, & d'estre prompts & aigus en reparties agreables. Cettui-cy auoit fort bien estudié & en Philosophie, & mesme en Theologie, principalement en la Morale : de sorte qu'il satisfit merueilleusement bien à tous ceux qui comme à l'enui luy firét des questions. On luy en fist plusieurs

sur

sur des mysteres de la Foy & sur les Sacremens, à quoy il respondit auecque des addresses & des subtilitez notables. Il y eut vn Pere Lecteur en Theologie, d'vn Ordre dont ie ne diray point le nom, & qui a la reputation d'estre fort riche, & de se traitter bien: cettui-cy voulant aussi tirer vn coup de lance contre ce hardi soustenant, luy demanda tout simplement & sans dessein ny de rire, ny de le surprendre, comme il aduoüa depuis, si l'on pourroit baptiser validement auec du potage. Le respondant qui croyoit qu'il se mocquast, luy repliqua vertement & assez ouuertement, Ouy mon Pere, auecque le nostre, mais non pas auecque le vostre; traict aigu & excellent en sa promptitude & viuacité, voulant donner à entendre, que la souppe des Mandians estant si maigre, que c'est de l'eau presque toute claire, on en pourroit baptiser en vn bessin ; mais celle de l'autre, dont l'Ordre estoit opulent & bien fondé, estant presque toute de graisse, ce n'estoit pas matiere de Baptesme. Toute la compagnie admirant cette repartie, le bon Pere interrogeant qui en recogneut la pointe ; Il peut, dit-il, passer, selon mon iugement : car il a fait vne si belle carriere qu'il a atteint au but. La chose passa de la sorte auecque toute dilection & gracieuseté, le mot estant plus capable de faire naistre du ris, que de tirer des larmes. Nous en apprendrons neantmoins cette leçon morale, qu'il ne fait pas bon faire vn banquet d'orties, ny se frotter à ces ieunes bouuillons qui poussent encore, dit le Psalmiste, leurs cornes & leurs ongles. Il n'y a rien qui fasse tant paroistre la beauté & la fertilité d'vn esprit que la viuacité & promptitude des reparties. Ce sont des flesches pointuës & de vrays charbons desolatoires: Car encore pour ceux qui attaquent ils ne sont pas tant à admirer, parce qu'ils ont loisir d'aiguiser leurs couteaux, & d'afiler leurs demandes; mais quand sur le champ, sans prendre autre conseil que sur le grauier, & sans partager le Soleil, on en met tous les rayons dans les yeux de l'aduersaire: c'est ce qui monstre la dexterité & l'accortise. Cette repartie que nous venons de rapporter, est, à mon aduis, de cette qualité, &, quoy que moins serieuse peut-estre que l'action ne requeroit, elle ne manque ny de subtilité ny de gentillesse.

L'Espagnol consideré.

L'Espagnol consideré.

HISTOIRE XXX.

VN Gentilhomme de mes amis m'a asseuré que voyageât par l'Espagne en compagnie de quelques Espagnols, & ayant vn valet fort estourdi, qui oublioit tousiours quelque chose de ses hardes par les hostelleries, il y eut vn de ces Espagnols, qui, de crainte que semblable desastre ne luy arriuast, & portant, comme c'est leur coustume, male deuant & male derriere sur vne mule de loüage, demanda du papier & de l'ancre en vne hostellerie, & fist sur vne fueille vn catalogue de ce qu'il portoit, iusques au harnois de sa mule & à ses habillemens : & lors qu'il falloit partir, il estoit assez long-temps auant que de se mettre en selle à examiner toutes ses pieces, & à conferer son memoire auecque son attiral. Premierement, vne male sur l'arçon de deuant; apres vne autre sur la croupe. Item, des alforges, vne selle, vne bride, vn licol, puis vn chappeau, c'est celuy qu'il portoit sur sa teste, vne espée qu'il auoit au costé, des gands qu'il auoit dans ses mains, des bottes qui estoient à ses jambes, des esperons attachez aux bottes, vn pourpoinct qu'il auoit vestu, vne chemise qu'il auoit au dos, vn colet qu'il auoit autour du col, vne mule surquoy il alloit monter, & toutes ces choses, disoit la conclusion du memoire, appartiennent à Dom Gregorio Fulano, voyageant de Madrit à Seuille : & comme la compagnie admiroit ce grád soin qu'il auoit

Q iij

d'examiner s'il n'oublioit rien, le François luy donna ce salutaire conseil auant que de monter sur sa mule, de taster sous son manteau & dans ses habits, si Dom Gregorio Fulano ne se laissoit point luy-mesme à l'hostellerie. Vous vous estonnez peut-estre de cette ridicule circonspection;mais si vous iettez l'œil sur l'extreme promptitude de nostre nation, qui nous fait commettre des inconsiderations si notables, que nous nous oublions souuent nous-mesmes, vous trouuerez que nous aurions bien autant besoin que d'Espagnol de dresser vn memoire de nostre équipage, & de nous y mettre en teste,ou au moins d'auoir quelque fidelle amy qui nous auisast de temps en temps de penser à nous, de ne nous perdre pas, de ne nous esgarer ny esuanouyr en nos pensées: à quoy visent ces mots sacrez, Reuenez à voſtre cœur preuaricateurs: Retourne Sunamite retourne, homme penſe à toy, cognois-toy, rentre en toy meſme, ne ſois pas Enos l'oublieux, mais ſouuiens-toy de ne te diſſiper pas.

La Verité maſquée.

HISTOIRE XXXI.

LA Maiſon de Mendoce eſt tellement illuſtre, qu'il faut eſtre eſtranger en Eſpagne pour n'en cognoiſtre la Nobleſſe & la grandeur. Vn Cadet de cette notable famille, nommé Dom Iuan, que nous auons veu Gouuerneur de Milan & Marquis de Linoyoſſa ſous Philippes IV. & employé en de grandes charges ſous Philippes III. auoit eſté nourri enfant d'honneur, c'est ce que nous appellons en France Page de la Chambre, sous les dernieres années du regne de Philippes II. estant sorti de Page, & ayant fait ses premieres armes en Flandres, il reuint en la Cour de Madrit, où il eut quelque Office chez le Roy, qui luy donnoit la clef dorée, ayant les priuileges de familier & domestique: Mais comme il auoit le courage grand, & aspirant à de hautes dignitez, porté à cela par sa naissance & les merites de ses ancestres, il estoit bien auant dans les esperances & les pretensions, particulierement il auoit ietté l'œil sur la charge d'Esquyer Mayor, qui estoit tenuë par vn Cheualier fort aagé, & dont la caducité ne promettoit pas vne longue vie. Il l'engloutissoit en espoir aussi bien qu'en desir, & sembloit n'attendre que la cheute de ce fruict meut pour le recueillir : Mais autre chose pense le Courtisan, autre celuy qui est courtisé; & les desseins du Roy sont bien differens de ceux de D. Iuan, & vous allez voir comme il comptoit sans son hoste. Celuy qui tenoit le Moyoralgo ; c'est à dire qui estoit le Chef de la maison de Mendoce, ayant fait quelque frasque desagreable au Roy, il auoit conceu ie ne sçay quel petit dégoust de toute cette famille, à qui il donnoit peu d'employ dans ses affaires & dans les charges, dissimulant neantmoins, fin & auisé qu'il estoit, cette auersion, & les tenant en haleine sans leur témoigner aucune disgrace. Ce Prince tout graue & serieux qu'il paroissoit, estant tousiours ferme comme vne statuë, ne laissoit point d'aimer son plaisir, mais il vouloit que ce fust à plats couuerts, pour ne perdre la reputation de

Prudent, qu'il auoit acquise par tout le monde. Ie ne touche point à ses diuerses affections, dont les plumes de plusieurs Escriuains nous ont laissé des memoires publiez, ie diray seulemét pour ce qui touche le faict que ie veux raconter, que quelquefois faisant fermer les portes de son departement, il prenoit plaisir apres le repas à faire déguiser ses Pages ou quelquevns de ses ieunes Officiers, & estant dans sa chaire, où ses gouttes le tenoient ordinairement colé, de leur faire faire en sa chábre des representations à l'improuiste, dont quelquefois luy-mesme estoit l'inuenteur, passetemps innocent & Comique, dont il relaschoit son esprit de tant de pensées d'Estat graues & serieuses, qui causoient tant de tragedies & de remuëmens en diuerses contrées du monde, ayant cette industrie d'entretenir la guerre au loing & chez ses voisins, pour iouyr chez soy d'vne parfaicte paix. Vn iour, que cette humeur luy monta en la volonté, il commanda à Dom Iuan de se desguiser & masquer auec quelqu'autre, & luy commanda de representer le personnage d'vn pretendant de Cour, & à l'autre celuy de Capitaine reuenant des guerres de Flandres, & attendant recompense; à vn autre de joüer le roolle d'vn mal content; à vn autre d'vn Amoureux desesperé, prenant plaisir à voir sur le champ la promptitude de leurs esprits & leur viuacité. Cette espece de Comedie se joüe deuant sa Majesté, & ces galands qui sçauoient que le Roy mesme prenoit plaisir qu'on luy dist parmy ces discours des veritez masquées & adressantes à luy, escouta auec vn flegme Royal & plus qu'Espagnol. Le

Capitaine mal appointé se plaignant de l'injustice des Conseils, du desordre des Finances, du peu de resource des soldats estropiez, & l'ingratitude des Princes à recognoistre les seruices qu'on leur rendoit ; bref, celuy qui joüoit ce roolle, n'obmit rien pour contrefaire vn tas de gens de guerre reuenans des armes estrangeres, qui fourmillent en attendant la manne du Ciel, parmy les carrefours & les places de Madrit. L'Amoureux dit des galanteries qui arracherent du ris au Roy, & luy firent deux ou trois fois perdre la grauité, & qui mirent sa contenance, que ie ne die sa constance & sa fermeté, en desordre, & mesla dans son discours des traits qui touchoient couuertement & gracieusement les passions du Roy. Le malcontent dit rage contre l'Estat, le Roy, le Royaume, les Officiers, les grands & les petits, & fist vn ramas de toutes les plaintes qui coulent par les langues de ceux qui se disent maltraictez, & qui crient à l'injustice, parce qu'ils n'ont pas leur copte. Mais rien de tout cela ne fut comparable à l'artifice de Dom Iuan, qui estant sous des habits de galand, & masqué, joüa son propre personnage, d'vne façon tres-agreable ayant rencontré le Capitaine, l'Amoureux & le Malcontent, & fait cognoissance auec eux, au lieu que les autres auoient pris des noms supposez pour joüer leurs personnages, luy sans ceremonie, & auec vne hardiesse incroyable; Seigneurs, leur dit-il, encore que ie sois Courtisan du nombre des pretendans, ie vous veux ouurir mon cœur, & vous faire voir que ie n'en sçay pas trop bien le mestier, qui ne consiste qu'à dissimuler & à cacher son jeu: Ie m'appelle Dom Iuan de Mendoce, fils de Dom Diego: & en suitte il fist vne grande digression sur sa Genealogie, monstrant qu'il estoit sorty du sang Royal, & n'oublia rien des grandeurs & des dignitez que ses ancestres auoient tenuës dans le Royaume, les grands seruices qu'ils auoient faits & rendus, leurs alliances remarquables, les faueurs des Rois, la magnificence de leurs richesses, leurs anciennes authoritez & possessions; bref, il n'obmit rien qui regardast la gloire de son lignage, entretien non moins veritable que delicieux: Delà tournant sur sa personne auec que des vanitez & des rodomontades qui sont naturelles à ceux de la natiō, il fit voir qu'il ne degeneroit ny en affection au seruice du Roy, ny en courage aux occasiōs perilleuses, & poursuiuit d'vne file toutes les rencontres où il auoit en Flandres donné des tesmoignages de sa valeur; il n'oublia pas les premieres subjections de son adolescence, lors qu'il estoit Enfant d'Honneur; bref, il n'oublia rien de ce qu'il pensoit, deuoit tenir lieu sur le registe de ses merites: & en suitte il commença à estaler ses pretensions, & à descouurir la justice de ses esperances. Il nomma ceux qui auoient esté auancez par le Roy par pure faueur, sans auoir rien merité par leurs trauaux & par leur addresse, & fit des grandes exclamations contre la fortune, qui mettoit les sots aux Soleils & les vertueux à l'ombre. Il declama contre les recompenses données non aux indignes seulement, mais à ceux qui auoiét desserui & merité des chastimens: Et de là faisant vn denombrement des charges qu'il pouuoit legitiment pretendre & esperer, il

s'arresta particulierement sur celle d'Escuyer Mayor, qu'il auoit en visée, & en deuida les moyens & les raisons, puis se tournant vers le Mal-content, Seigneur, luy dit-il, n'aurois-je pas sujet de me ranger de vostre parti, si sa Majesté ne me donne cet Office quand il viendra à vacquer, ce qui ne tardera pas long-temps, selon l'aage & l'infirmité de celuy qui le possede: & finit ainsi son discours, regardant de costé quelle mine tenoit le Roy. A quoy le Mal-content respondit, Seigneur Pretendant, il est vray que les merites de vos ancestres & les vostres sont dignes de grande consideration, & que cette charge est encore au dessous de vostre valeur: mais ne sçavez-vous pas que l'ingratitude regne en ce siecle, & principalement en cette Cour, où c'est le vray moyen de n'avoir rien que de valoir quelque chose,

se, la recompense fuyant devant le mérite comme l'ombre devant le corps: Et puis, à n'en mentir point, cette charge semble ne venir bien qu'à vne barbe blanche, & la vostre paroist bien esloignée de la blancheur: ce qui me fait croire que difficilement le Roy, qui est vn Prince prudent, accort, & consideré, comme vous sçauez, se portera-t'il à vous en gratifier. Icy le Roy, ou las de cette mommerie, ou trouuât à propos de témoigner son sentiment, en frappant sur le bras de sa chaire; Par l'ame de l'Empereur mon pere, dit-il, il n'appartient qu'aux Mal-contens à deuiner les pensées. Surquoy Dom Iuan se voyant payé sur le champ, faisant vne grande reuerence au Roy, En verité, dit-il, sacrée Majesté, vous m'apprenez bien en ce peu de mots qu'il ne faut iamais ny ne se

R

joüer à son Maistre, ny le joüer à plus fin que nous, ie ne perds pas neantmoins l'esperance de faire de si grandes choses pour vostre seruice, que tout Grand que vous soyez, vous aurez de la peine à trouuer des recompenses qui les égalent. Le jeu se termina par cette galanterie, & depuis le Mal-content se trouua Prophete, car Dom Iuan n'eust aucun auancement notable du viuant de ce Roy, mais sous son successeur il eut de beaux commandemens en Flandres, & sous Philippes quatriesme qui regne maintenant: ie l'ay veu Gouuerneur de Milan, qualité semblable à celle des Vicerois. C'est ainsi que sous le masque se dit vne veritable Histoire, & sous vn habit desguisé vne narration sans desguisement. Ie diray encore ce petit mot de la Maison des Mendoces: c'est qu'ils ont comme hereditaire vne superstition qui leur fait craindre sur leur table l'espanchement du sel, croyant que cela porte vn insigne & ineuitable mal-heur, à raison dequoy i'appris à Milan que ce Dom Iuan dont i'ay parlé, ne faisoit point mettre de saliere sur sa table, mais faisoit seruir le sel sur les assiettes de ceux qui mangeoient auecque luy. Vn grand Prince de nostre France, que ie ne veux pas nommer, estoit attaqué de cette mesme crainte, mais il la guerissoit sur le champ, par vn moyen non moins superstitieux, qui estoit, de ietter du sel qui auoit esté respandu par dessus ses espaules. Remede friuole d'vn mal imaginaire.

La double fureur.

HISTOIRE XXXII.

VN ieune Gentil-homme Gennois, que nous appellerons Zœllo, fut enuoyé par ses parens en l'Vniuersité de Pise, dans l'Estat du grand Duc de Toscane : c'estoit pour y apprendre la science des Loix, ayant fait toutes ses autres estudes, tant des belles Lettres que de la Philosophie au College de Gennes. Il se logea par malheur pour luy, chez vn Citoyen qui auoit vne tres-belle fille, que nous appellerons Agripine, dont le pere & la mere estoient si soigneux, & pour mieux dire, si jaloux, que iamais elle n'estoit veuë d'aucun des Escoliers

La double fureur.

qu'ils tenoient en penſion. Mais comme il n'y a point de place ſi forte où l'or ne penetre, teſmoin la tour de Danaë, le Gennois qui eſtoit riche à merueilles, ayant par ſes piſtoles corrompu la fidelité d'vne ſeruante, ſe donna par elle accez à la fille, & par cet accez il luy fut aiſé de la rendre ſuſceptible de ſon tourment. Ie ne me veux point arreſter aux particularitez de cette affection que la relation Italienne deduit par le menu, faiſant voir tous les artifices dont ce fin Ligurien ſe ſeruit pour circonuenir la ſimplicité de cette Piſane. Tant-y-a qu'elle l'aima, & ſon amour jointe au deſir de ſortir de la tyrannie & captiuité où la tenoient ſes parens auecque la conſideration de ſon auancement en eſpouſant vn riche parti, tel qu'eſtoit le Gennois, la firent conſentir à ſe laiſſer enleuer ſur la promeſſe de mariage que luy fit Zœllo. La difficulté estoit en ce rapt : en fin comme il estoit subtil il en trouua le moyen, se confiant en vn valet fidelle qu'il auoit, & à vn Escolier Caponan auec qui il auoit fait vne estroitte amitié: l'Escolier feignit d'estre passióné pour Agripine, qu'il voyoit quelquefois aux Eglises, & faisant autour d'elle & de sa maison toutes les chimagrées que les amoureux de ces quartiers-là ont accoustumé de faire, il donna d'éuidens témoignages d'en estre picqué: Il estoit sur la fin de ses estudes & prest à reuoir son païs; Zœllo se seruit donc de luy pour faire ce qu'il prétendoit. Feignant donc d'enuoyer son valet à Gennes pour quelques affaires, il le fit cacher durant quelques iours à Pise, & puis durant vne belle nuict Agripine & sa seruante s'estans remises à la conduite du valet de Zœllo, qui les mena durant les tenebres à Liuorne où vne fregate les attendoit; & l'Ecolier estát parti en mesme temps pour s'en retourner par mer à Caponie, il fut aisé à Zœllo de faire croire que le Caponan auoit enleué Agripine, & l'auoir emmenée en son païs, ce qui fut aussi-tost tenu pour vray que diuulgué. On enuoye apres, mais comme il n'y a point de trace à la mer, il fut impossible d'en apprédre des nouuelles; le Caponan mesme s'en alla à Naples, où il demeura fort long téps. Cependant le valet de Zœllo mena le tresor des affections de son maistre à Quinto, bourgade voisine de Gennes, chez sa propre mere (car ce valet estoit de là) luy consignant la garde de cette fille. De là il va retrouuer son maistre, qui durant ce voyage s'estoit efforcé de consoler les tristes parens d'Agripine sur le rapt de leur fille,

leur donnant asseurance que le Cas-
ponan l'espouseroit, & que ce parti
luy seroit auantageux. Le valet estant
de retour, il feignit estre mandé par
ses parens, & apres auoir bien contenté son hoste il se mist sur mer, & re-
lascha auprés de Quinto, où durant
six ou sept mois, tandis que ses parens
le croyent à Pise, il fait son cours aux
loix de l'Amour sous la regence de la
belle Agripine. Au bout de ce temps
là il se rendit à Gennes comme s'il fust
reuenu de l'Vniuersité. Il demeura
quelque année auprés de ses parens,
faisant de fréquens voyages au lieu
où ses affections passionnées l'attiroient. Ses parens de leur costé desireux de le pouruoir, auoient de longue-main ietté les yeux sur vne riche
fille, qu'ils luy vouloient donner pour
femme: Ils accommoderent cette affaire auecque les parens de la fille sus-

ques-là, qu'il ne restoit plus que de faire joindre les parties. Zœllo charmé des beautez d'Agripine, à qui il auoit donné clandestinement sa foy, ne vouloit point penser à ce mariage que luy preparoient ses parens, trouuant tous les jours pour le differer d'assez legeres & friuoles excuses. Ses frequentes allées aux champs firẽt douter qu'il y eust dehors quelque marchandise de contrebande qui le tint attaché, en quoy les conjectures ne furent pas trouuées fausses. Cette mine descouuerte, il fut aisé de l'euenter; les parens de Zœllo qui estoient puissans dans la Republique, obtiennent de la Iustice le pouuoir de faire saisir cette fille, qu'ils tenoient pour vne Courtisane, & de la faire ietter dans les Repenties: l'Arrest est donné, & qui plus est exécuté, deuant que Zœllo s'en apperçeust ; si bien qu'ayant vn iour esté à Quinto, & ne trouuant plus que le nid, il pensa entrer en vne rage deselperée : il sceut aussi-tost que son Agripine, qu'il tenoit pour sa femme, auoit esté enleuée par des Archers, personnes insolentes, qui sur la creance qu'elle fust de mauuaise vie, en auroient peut-estre abusé auant que de la renfermer en ces lieux, où l'on ne met que des pecheresses que l'on chastie, imagination qui le mettoit en fureur. Reuenu en la maison de son pere, il declare tout haut que c'est la fille de son hoste de Pise, qu'il a enleuée & espousée, qu'il la tient pour sa femme legitime, & qu'il n'en aura iamais d'autre; mais il a beau dire & beau faire, son pere fait declarer nul ce mariage clandestin, & se resout de renuoyer cette fille à son pere à Pise : La Sentence renduë, comme il est sur le point de renuoyer cette fille chez elle, croyant que l'absence feroit perdre cette fantaisie à son fils, & qu'apres il se porteroit au mariage qu'il luy auoit preparé, Zœllo demanda au moins cette grace de pouuoir dire le dernier Adieu à cette fille, & de luy témoigner que c'estoit la contrainte, non sa propre volonté, qui le separoit d'elle, & luy faisoit manquer de parole & de foy ; faueur qui ne luy pût estre deniée de peur qu'il ne se portast au desespoir : mais luy qui estoit animé de ces deux demons enragez, le desespoir & la jalousie, se voyant priué de la chose du monde qu'il auoit la plus chere, & qu'il pensoit auoir esté possedée par des Sbirres & gens de peu, se resolut à vne double fureur, que vous allez entendre. Estant en la presence d'Agripine, des Officiers de Iustice, & de ses propres parens, apres auoir fait à cette fille toutes les excuses les plus honnestes dont il se put auiser, & declamé contre la rigueur de la Iustice & la cruauté de ses parens, qui ne luy vouloient pas permettre de passer ses iours auec elle : Au moins (dit-il, transporté d'vne double fureur de desespoir & d'Amour) ne nous separeront-ils pas en la mort, & ne pourront empescher que sinon vn mesme lict, au moins vn mesme cercueil nous assemble. En disant cela, il perça le cœur de cette fille d'vn poignard, & aussi-tost il plongea dans son propre sein cette lame, teinte du sang qu'il auoit tant aimé, le meslant auecque le sien. La lame estoit empoisonnée, & d'vne poison sans remede si elle s'vnissoit au sang : de sorte que les coups n'estans pas tout à fait mortels en leurs atteintes, le furent par cette circonstance, que Zœllo cacha à ceux qui furent appellez pour les penser: car de là à quelques heures ces deux Amans moururent l'vn auprés de l'autre, parmy les regrets & les larmes de tous ceux qui les assisterent en ce dernier passage, où Zœllo declara franchement son desespoir & sa jalousie, deux passions qui composent cette double fureur, qui le porta à cette sanglante extremité. Le desplaisir des parens ne fut pas petit, voyant à quel point leur rigueur auoit porté Zœllo, de qui ils eussent bien voulu pouuoir racheter la vie par leur consentement à ce mariage: mais il n'y eut rien de pitoyable comme les regrets de ces Amans, qui expirerent sur le visage & entre les bras l'vn de l'autre, meslans leurs regrets, leurs souspirs, leur sang, leurs sanglots & leurs larmes, & vnissans leurs ames sur le point de leur desvnion d'auec leurs corps.

Le Supplantateur.

HISTOIRE XXXIII.

VOus verrez icy vn autre Iacob, qui par vne subtile industrie establit sa fortune attachée à son Amour, dont il alloit estre debusqué par vne puissance dont il ne se pouuoit defendre par la force. Vous y verrez vne fille iustement punie de sa legereté, & enfin vous apprédrez que si les tromperies reüssissent quelquefois à l'vtilité de ceux qui les practiquent, ce n'est pas tousiours à leur contentement: Entrons.

Donatian, Gentilhomme Annorique, cadet de sa maison, quoy que de sang illustre, auoit neantmoins la pauureté (appanage des cadets de cette contrée-là) qui le preſſoit bien fort: il auoit eſſayé de faire quelque fortune à la Cour à la ſuitte des Grands; mais au lieu de s'y auancer, la fortune, maraſtre & ennemie de ſon merite, l'auoit touſiours reculé & tenu ſi bas, qu'il fut contraint de retourner en ſon pays ſous les aîles de ſon aiſné, qui luy tailloit ſes morceaux fort courts: Les occaſions de la guerre n'eſtans pas preſentes, il ne pouuoit eſperer aucun auancement dans cet exercice, non moins funeſte pour les vaincus, que glorieux pour ceux qui vainquent: il creut que dans vn mariage il pourroit rencontrer ce qu'il cherchoit par mer & par terre, qui eſtoit de ſe mettre à l'abry de ce cruel orage, que l'on appelle neceſſité. Comme il eſtoit à cette chaſſe, il deſcouurit vne proye capable d'arreſter & ſes yeux &

ses vœux; c'estoit vne Damoiselle riche & assez belle pour contenter vn plus auácé qu'il n'estoit: neantmoins supporté de son frere, de sa naissance & de son propre courage, il crut de pouvoir venir à bout de sa pretension & faire de si belles courses qu'il emporteroit cette bague: de fait, il fit tant par ses diligences, ses soumissions & ses devoirs, qu'il rendit Mercuriale (c'est le nom de cet objet) allumée des mesmes flammes dont elle avoit eschauffé sa poictrine, cela estát assez ordinaire en cette passion, que celuy qui en fait la mise en fait encore la recepte. Apres vne longue & patiente poursuitte & des seruices assidus, il avoit auec des peines incroyables fleschy le courage des parens, qui ne vouloient point consentir à cette alliance, à cause de l'inégalité, non du sang, mais des biens. Mercuriale
mesme

mesme auoit beaucoup contribué à cela, ayant témoigné d'estre tellemét attachée d'affection à Doñatian, que mal aisément se pourroit-elle donner à vn autre. Comme donc les affaires estoient en ces termes, & le mariage sur le point d'esclorre par vn accord, voicy vn tourbillon, ou vent de terre, qui vient rejetter en haute mer ces vaisseaux qui alloient entrer & ancrer au port desiré. Vn Seigneur qualifié, de la Prouince des Pictes, & fort accommodé des biens de fortune, estāt allé voir au pays des Annoriens le Lieutenant de Roy, qui estoit de ses parens, ayant veu Mercuriale en vne compagnie, la trouua si agreable qu'il en fut touché, & estant en l'aage & en la resolution de chercher party, ayant sceu que les richesses de cette Damoiselle correspondoiét à sa beauté, il se laissa aller à son inclination, qui le porta à luy voüer son seruice. Quand le Soleil paroist le matin sur l'Orison, il semble que par sa presence il dit aux Estoilles, retirez vous. Ce grand parti se presentant aux yeux des parens de Mercuriale ils en furent esblouys, la gloire de voir leur fille alliée du Lieutenant de Roy en la Prouince chatoüilla leur ambition, & leur fit tourner leurs desirs vers Sermere : (c'est le nom de ce nouueau poursuiuant.) Qu'est-il besoin de tirer cecy en plus de longueur ? Mercuriale mesme faisant semblant de suiure le branlle de ses parens, par le mouuement d'vne obeyssance necessaire, suiuit la propension volontaire de son esprit ambitieux, & conceuant vne grande estime de Sermere, le mépris pour Donatian se forma aussi-tost dans son esprit. Le prix est à moitié fait auec le second marchand quand on est dégousté du premier. Cette alliance est sur le point d'estre concluë, au prejudice des esperances de Donatian & de son attente, si d'vn costé les parens de Sermere, qui le destinoient à vn autre lien, n'y eust apporté du retardement; & Donatian de son costé employé la peau de Renard ou celle de Lion ne pouuoit atteindre. Tandis que Sermere continuë sa recherche, nonobstant l'obstacle de ses parens, qu'il se promettoit de vaincre par sa perseuerance; Mercuriale qui le desiroit conquerir, & l'attacher à elle auec les plus forts liés qu'elle pourroit, luy tesmoignoit tant de faueur par ses gracieux accueils qu'il en estoit rauy, & comme charmé; & tout ce qu'elle luy pouuoit accorder de grace & de familiarité, son honneur sauué, (car elle ne souffrit iamais qu'il fust interessé en la moindre chose) elle luy en estoit assez liberale : de sorte que le monde qui est louche, & qui ne iuge que sur les apparences, voyant cette familiere frequentation, en murmuroit vn peu. De là Donatian prit sujet de joüer vn stratageme dans cette guerre de l'Amour, où les ruses sont si ordinaires. Il fit au commencement, pour se venger de son rebut & de l'inconstance de Mercuriale, courir des bruits sinistres de Sermere & d'elle, & par vn de ses amis qu'il auoit instruit de son dessein, il fit ietter dans l'oreille, & de là dans l'esprit de cette Damoiselle, qu'elle feroit bien pour couurir son honneur de proceder au plûtost au mariage de Sermere, parce qu'il se vantoit par tout d'auoir obtenu d'elle ce qui n'est permis qu'à vn mary. Ce discours picqua si violemment & pressa si fortement l'esprit de cette fille, qui estoit extremement jalouse de son honneur, que sans s'enquerir de Sermere si ce rapport qui luy auoit esté fait estoit veritable, elle le prit en telle horreur, que lors qu'il la vint reuoir elle ne se pût empescher de luy tesmoigner des desdains qui eussent esté insupportables à tout autre moins passionné que Sermere. De ces mespris elle vint aux insolences des mauuais traittemens, & de là aux injures & aux outrages; & quelque excuse que luy fist Sermere, elle ne voulut iamais y prester sa creance, le tenant pour le meurtrier de sa reputation, qu'elle estimoit infiniement plus que toutes les grandeurs du monde. Sermere ne sçachant comme conjurer cette tempeste, creut qu'vn peu d'absence remettroit cet esprit en meilleure assiette, & que le temps feroit cognoistre la verité; il fait dessein d'aller en son pays pour tascher de gaigner ses parens, & arracher leur contentement pour cette alliance; mais le rebours de ce qu'il projettoit arriua: car les desdains & les coleres de Mercuriale le persecutans iusques en son pays par des lettres extremement fiéres & mesprisantes, il creut qu'en vain solliciteroit-il ses parens, si le cœur de cette femelle irritée demeuroit ainsi alliené de luy. Cependant il fut prié par eux de leur donner ce contentement de voir quelquefois, comme par forme de visite, la fille d'vn Gentilhôme de leur voisinage, agreable & vertueuse, qu'ils desiroiét passionnément pour belle-fille, & dont la dotte estoit toute autre que celle de Mercuriale: ce que Sermere fit au commencement par deuoir, il le fit en suitte par inclination, apres par complaisance, enfin par amour: Les desdains de Mercuriale l'ayans par le dépit, guery de ses premieres playes, & l'absence ayant contribué à cette guerison, & puis l'object present ayant effacé l'absent comme vn cloud chasse l'autre : Comme les parens de l'vn & de l'autre estoient presque d'accord, cette alliance fut pressée, principalement par les parens de Sermere, qui le vouloient dégager de ses affections Armoriques. Ce mariage estant fait, Mercuriale retourna son cœur vers ses premieres flammes, qui ont tousiours vn grand ascendant sur l'esprit d'vne fille. De sorte que voila Donatian mieux que iamais auprés d'elle, & sans tirer dauantage en longueur sa recherche, on renoüe le premier accord, & par les nopces ce cadet entra en possession du corps & des biens de cette Damoiselle. Donatian redoutant la necessité, dont il auoit senti les poinctes estant garçon, devint non seulement mesnager, mais auare: de sorte que ne despensant pas assez selon le iugement & l'humeur assez veine de Mercuriale, de là vint entr'eux vn commencement de mes-intelligence. De cet esloignement d'esprit & refroidissement d'affections nasquirent les murmures & les reproches de la part de cette femme indignée, qui sçauoit bien qu'elle auoit mis le pain en la main de Donatian : cela la rendoit fiére, orgueilleuse & mal gracieuse: mais Donatian qui tenoit la bourse, & auoit le maniement de tout, & qui se voyoit des enfans, se mocquoit des plaintes de cette criarde, & ne songeoit qu'à amasser. Lors que cette femme luy reprochoit sa pauureté, & qu'elle l'auoit mis à son aise, il luy rejettoit au visage sa legereté & ses priuautez auecque Sermere, qui l'auoiét exposée aux traits des langues : cela faisoit sauter aux nuées cette femme, hautaine & jalouse de son honneur : car c'estoit la toucher en ce qu'elle auoit de plus sensible. Vn iour la voyant extraordinairement irritée sur ce sujet, pour l'appaiser il alla ietter au lieu d'eau, de l'huile sur le feu de sa colere en luy descouurant l'artifice dont il s'estoit seruy pour la separer de l'affection de Sermere & la reconquerir. Cette femme deja dépitée contre son mary se voyant auoir esté seduite de la sorte, & que sa credulité luy auoit fait perdre vn party si aduantageux que Serme-re, entra en vne telle auersion contre Donatian, que iamais depuis elle ne luy fit bon visage, grondant sans cesse, & luy disant mille outrages auecques la langue, que ce mary courroucé rejettoit quelquefois sur la teste auecque les mains; ce qui la mettoit en vne rage desmesurée. Ils firent vn si mauuais ménage, que la Iustice les separa de corps, les biens & les enfans demeurans entre les mains de Donatian, qui donnoit seulement quelque pension à cette femme dépitée. Au contraire, Sermere pour auoir suiuy la volonté de ses parens, fut en son mariage cõblé de beaucoup de benedictions, dont ne iouyt pas au sien son Supplantateur.

La prise de change.

HISTOIRE XXXIV.

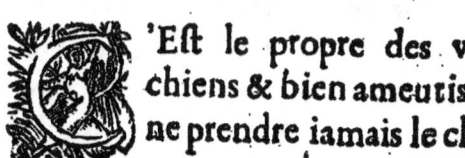'Est le propre des vieux chiens & bien ameutis, de ne prendre iamais le chan-

La prise de change.

ge, quelques ruses & mellées que fasse le Cerf qu'ils ont vne fois entrepris: mais comme il n'y a si adroit Cocher qui quelquefois ne verse, aussi arriue-t'il assez souuent que la meutte la mieux dressée se fouruoye, & prend vne fumée pour vn autre, & se met sur de nouuelles voyes. Vous allez voir vn Vieillard qui auoit autrefois chassé de haut vent, & à qui les ruses de cette passion qui fait aimer, n'estoient pas incognuës, prenant le change si soudainement, que vous verrez que la poudre la plus seche est celle qui prend pluftost le feu.

C'est la coustume de Guyenne, lors que l'on traicte vne alliance, & que les parens sont d'accord de faire demander celle qui est recherchée par quelque personne de qualité signalée d'entre les parens ou amis de celuy qui recherche, action fort honneste,

& que les plus Grands tiennent à faueur. Il y eut donc, il n'y a pas beaucoup d'années en cette contrée-là, vn ieune Gentilhomme, qui ayant aimé & serui long-temps vne Damoiselle de sa qualité & de son voisinage, enfin leurs communs parens, les partis se trouuans égaux, iugerent à propos de les marier. Estans en ces termes, le poursuiuant, que nous appellerons Diocles, ayant accez à vn des grands Seigneurs, non seulement du païs, mais de l'Estat, que ie ne veux designer que par le nom de Coriolan, le fut supplier tres-humblement de luy faire cette grace de demander pour luy Basilée, selon la ceremonie ordinaire en de semblables occasions. Coriolan, qui estoit vn Seigneur fort obligeant, & mesme à qui les parens de Diocles auoient durant la guerre rendu de bons seruices, fut bien aise de le fauoriser en cet honorable rencontre, & de luy tesmoigner de la bien-veillance. Il monte en carrosse pour aller en la maison de Basilée faire ce compliment, resolu de dire, selon la forme vsitée, beaucoup de bien du ieune homme pour qui il deuoit faire la demande. Il entre, & ayant esté receu auec les accueils deus à vn personnage de sa qualité & de son rang, il salüa la mere & la fille selon l'vsage de nostre nation, & eut le téps de considerer à loisir Basilée, qui luy parut si extrememement belle de visage, de taille & de si bóne façon, qu'en vn instant il en deuint espris. Il estoit veuf & en vn âge si auancé, qu'il sembloit ne deuoir pas songer au mariage: Mais ayant esté tousiours nourry à la Cour, d'où il s'estoit retiré depuis quelque temps, & ayant mené vne vie libre & delicieuse, & non accouſtumé à paſſer des nuicts ſolitaires, il n'eſtoit pas homme à acheuer ſes iours ſans vne compagne, veu meſme qu'il ne luy reſtoit que des filles de ſon mariage, ayant perdu tous ſes garçons dans les armes, où ils eſtoient morts pour le ſeruice du Roy. Il diſſimula vn peu de temps ſa paſſion pour voir ſi cette mouche qui l'auoit picqué ne s'enuolleroit point : mais ce fut vne abeille qui laiſſa l'aiguillon dans la playe. Il ſe mit à rire & à cauſer, entretenant la mere & la fille de deuis agreables toute l'apreſdinée: le ſoir & le temps de la retraicte approchât, & ayant trouué que l'eſprit & la vertu de cette fille correſpondoient à ſes graces exterieures, comme il eſtoit ſur le point de prendre congé, il dit au pere & à la mere, Vous vous doutez, ie m'é aſſeure, du ſujet qui m'a amené chez vous, mais ie vous défie de le deuiner;

La prise de change. 287
Le maistre de la maison qui cognoissoit de longue-main l'humeur railleuse de ce Seigneur, luy dit; Monsieur, quelque galanterie que vous vouliez dire, sans aller au deuin, ie croy que ie diray la verité : Sur ma foy, reprit Coriolan, ie vous donne toute à cette heure vingt mil escus si vous touchez au but : Non pas peut-estre au feint ny à la trousse que vous pensez, reprit le pere de Basilée, mais au veritable sujet : Ie dis au veritable sujet, repartit Coriolan. Le Gentilhomme luy dit, Monsieur, ie croy que c'est vne parole de la part du seruiteur de cette fille icy. Sur mon ame, dit Coriolan, vous auez presques atteint le but, mais il s'en faut encore quelque espace. Pour quel seruiteur, à vostre aduis ? Le Gentilhomme dit, Diocles. Voila, reprit Coriolan, vingt mil escus sauuez, car

vous n'auez pas touché au blanc. Ie croy que cy, reprit le maistre de la maison, pourueu que vous parliez sans raillerie. Ie puisse mourir, repartit Coriolan, si ie raille; & pour vous parler franchemét, i'estois venu icy pour le sujet que vous pensez, & l'homme que vous auez nommé; mais l'ay trouué cette fille si belle & tant à mon gré, que ie la veux pour moy mesme, & ie ne suis point encore si vieux que ie n'espere en tirer des beaux garçons qui porteront mon nom & mes armes: Le Gentilhomme s'éclatant de rire, Monsieur, dit-il, voila de vos traits, ie sçauois bien qu'il y auoit quelque baye en campagne, c'est ainsi que vous vous joüez de la pauure Noblesse, & que vous vous mocquez de vos anciens seruiteurs. Alors Coriolan, qui estoit aussi mauuais Iurisconsulte que grand iuriste,
com-

commença à iurer si fortement & si longuement que ce Gentilhomme fut à la fin contraint de le croire: & auant qu'il fust sorty, de l'estonnement dont il fut saisi à cette nouuelle, ce Seigneur le pressa tellement qu'il luy offrit & fille, & maison, & son espée, & sa vie, s'imaginant, tant il estoit rauy, que tout cela se passoit en songe. Coriolan luy fit bien paroistre que c'estoit vne pure verité, luy promettant de faire trouuer bon ce changement à Diocles, & de luy faire trouuer quelqu'autre parti, tel qu'il auroit occasion de se contenter; en trois iours ce mariage de Coriolan & de Basilée fut proposé, conclu, arresté, acheué, Diocles ne faisant ny plainte, ny opposition, ny resistance, à cause de l'eminence du personnage: Aussi Coriolan ne luy manqua-t'il pas, car il luy fit trouuer vn riche party, & luy fit auoir vne charge dont il eut occasion de se contenter. Quant à Coriolan & Basilée, ils furent aussi heureux en leur hymen que l'on sçauroit souhaitter : car ils furent benis d'vne belle lignée, qui estoit tout le desir de Coriolan. Et la vertu de cette ieune Dame non moins recommandable que sa beauté, gaigna tellement le cœur & toutes les affections de ce Vieillard, qu'elle estoit son idole, & de la vie licentieuse & débauchée qu'il auoit menée autrefois, elle le mit en vn si bon train, & pour son corps qui se conserua iusques à vn âge fort auancé, & pour son ame, qu'il a fait vne fin de vie aussi reglée que le commencement en auoit esté libertin. Ainsi le mary peu retenu fut changé par la femme modeste en la mesme façon que l'Apostre dit, que le mary infidelle est sanctifié pour la femme fidelle. Heureuse prise de change, puis qu'elle reüssit auecque tant de prosperité, & temporelle & spirituelle pour l'vn & pour l'autre. Bien-heureuse la personne qui craint Dieu, & qui chemine selon sa loy, sa semence sera puissante, & sa generation beniste, la gloire & les richesses seront en sa maison, & sa Iustice durera au siecle des siecles.

Le salutaire empoisonnement.

HISTOIRE XXXV.

CE fut vne fortune bien estrange que celle de cet homme, qui durant vne forte tourmente fut porté en la mer par vne grande vague qui couurit tout le vaisseau, & puis incontinent remis sur le tillac par vne vague contraire : Mais celle que vous allez lire ne vous semblera pas, ie m'en asseure, moins émerueillable.

En vne ville de Ligurie (païs dont les habitans sont fort experts en l'vsage des poisons) Euphelio & Cassandre attachez ensemble d'vn lien conjugal, faisoient vn tres-mauuais ménage. Et la cause de ce desordre ayant commencé par le mary, s'estoit aussi accreuë par celuy de la femme : de sorte qu'il estoit mal aisé à discerner qui des deux viuoit le plus déreglément. Il est vray qu'en matiere d'intemperance, les hommes se donnent vne certaine liberté que les femmes ne peuuent practiquer sans infamie. Et parce que celle de Cassandre rejallissoit sur le visage d'Euphelio, qui en estoit mocqué & monstré au doigt de tout le monde ; cette honte le pic-

Le salutaire empoisonnement. 293
quant, il commença à faire oüir aux oreilles de sa femme, de qui il auoit dissimulé de voir les deportemens, le tonnerre de certaines menaces, qui ne pouuoit estre suiuy que des foudres de terribles effets, les loix humaines donnans vn grand pouuoir aux hommes de chastier leurs femmes quand elles leur manquent de foy. Cette fausse femelle sçachant combien elle estoit coupable, & se doutant bien que son mary tost ou tard ne luy pardonneroit pas, se resolut de le preuenir, & ayant l'intelligence des venins, elle luy en prepara vn lent, qui faisant son coup sourdement & à loisir, seroit moins sujet à soupçon. Elle auoit vn de ses galands à qui desia elle auoit promis mariage quand ce premier espoux seroit dépesché, tant elle auoit peur de demeurer long-temps vefue. Cette premiere poison ayant

T iij

esté preparée & meslée dans le breuuage d'Euphelio auecque tant de subtilité qu'il ne s'en apperçeut point en l'aualant, ce fut à Cassandre à attendre l'effet de cette potion auecque plus de continence & de patience qu'elle n'eust voulu, parce que ce mary espiant ses actions, & ne cherchant qu'vne occurrence pour luy payer en vn coup toutes ses debtes, la veilloit auec soin, dont la rusée s'apperçeuant fit tresue pour quelque temps auec son Amant, iusques à ce que ses liens fussent rompus par la mort de son mary, qu'il auoit dans l'estomach : desia il commençoit à se plaindre de plusieurs douleurs qui l'assailloient, & qui estoient autant de messagers funestes qui l'appelloient au cercueil, lors que Cassandre, impatiente de tant attendre, luy donna vne prise d'Antimoine assez mal preparé ; qui

Le salutaire empoisonnement. 295
eust esté capable de le faire mourir promptement, si desia il n'eust esté empoisonné : mais cette derniere poison rencontrant la premiere qui estoit dans ce corps la plus foible, quoy que de plus ancienne datte, il s'y fit vn combat si estrange, & qui causa des conuulsions & des vomissemens si horribles, que l'vne & l'autre poison sortit dehors, au soulagement d'Euphelio & à la confusion de celle qui les auoit données. Ce mary iugea aussi-tost que ce pacquet ne pouuoit venir que de la part de sa bonne femme, dont il se saisit, luy mettant à la gorge le poignard, & la menaçant de luy enfoncer si elle ne luy confessoit sa meschanceté, auecque promesse de la vie si elle disoit la verité. Cette fausse promesse luy fit auoüer sa meschanceté, & Euphelio pour ne luy manquer point de parole ne la tua

T iiij

pas, mais il la remit entre les mains de la Iustice, qui sur sa confession la condamna à la mort. Auenture merueilleuse, & qui nous fait voir combien est aueugle la precipitation de la vengeance qui se ruine elle-mesme par les moyens qu'elle employe pour ruiner autruy. Voila les miserables effets que produisent ordinairement les adulteres, qui sont les meurtres, les empoisonnemens, & autres semblables fureurs. Que chacun, dit le grand Apostre, sçache ou apprenne à posseder le vaisseau de son corps en sanctification, sans faire les membres de Iesus-Christ ceux d'vne paillarde; car il est certain que ny les homicides, ny les sacrileges, ny les adulteres ne possederôt iamais le Royaume des Cieux. Suiuez la saincteté, c'est à dire la chasteté, selon l'aduis de S. Paul, sans quoy personne ne verra Dieu.

Le Frere conscientieux.

HISTOIRE XXXVI.

Ncore que l'auarice soit la plus injuste de toutes les passions, & qui aueugle dauantage l'esprit de ceux qu'elle tyrannise, vous allez voir qu'il y a des ames qui ne se laissent non plus esblouyr à l'or, vray soleil de la terre, que l'Aigle à celuy du Ciel, & dont la iustice est la regle & le niueau de toutes leurs actions. Il est vray que ces ames là sont rares, mais leur rareté, comme les diamans & les perles, releue leur valeur.

En cette Prouince de nostre France, qui est contiguë à la Flandre, les habitans tiennent de l'air du Pays-bas, & font simples & francs : Les cadets des maisons nobles y font assez mal partagez par les loix, qui pour la conseruation des familles en la premiere teste, rendent les puisnez paures & miserables. Ie ne sçay pas si cela est vne Iustice publique, cela sçay-ie, que c'est vne injustice particuliere. Epitace & Fulgue freres, d'vne maison de notable rang, furent esleuez à beaucoup de vertus par leur pere, qui estoit homme candide & genereux : & vous allez voir que le cadet auoit esté nourry en vne bonne escole, au trait qui vous paroistra, & qui est fort remarquable. Le voisinage de la Flandre, où les tambours & les trompettes sonnent la guerre il y a si long-temps, esmeurét l'humeur martiale de Fulque, & le conuierent à aller sur ce theatre de Mars ioüer quelque personnage, & y acquerir de

Le frere conscientieux. 299
l'honneur par sa generosité. Encore s'il eust choisi la meilleure part & ne se fust point rangé du costé des Prouinces-vnies, ou pluftost des-vnies de l'obeyssance de leur Prince naturel, mais la raison d'Estat & de l'alliance de cette Couronne auecque ces Reuoltez, le porta dans la Hollande, où il se rangea sous la discipline militaire du Comte Maurice, dont la mort a esté si dissemblable à la vie, qu'ayant esté victorieux si souuent en celle-cy, il semble auoir finy en vaincu. Le long sejour qu'il fit parmy les Estats où les armées ne sont pas tousiours dans l'employ & dans les factions, estant retiré dans vne garnison, il fut touché des beautez d'vne Hollandoise, qui n'estoit ny de sa qualité ny de moyens qui approchassent des siens. Il luy fut aisé de circonuenir sa simplicité & de la ranger à ses desirs:

Mais cette amour, au rebours des autres, au lieu de s'esteindre par la ioüissance en deuint plus ardante & plus viue, & s'il eust esté libre il l'eust sans doute espousée, tant il l'aimoit, & son humeur & sa beauté : mais deux choses le retenoient ; la crainte de desplaire à son pere & d'en estre desherité ; l'autre, que cette fille n'estoit pas Catholique. Au reste, il la tenoit comme sa femme, & la traittoit auec autant d'honneur & de jalousie que si elle luy eust esté conjointe par mariage. Plusieurs fois il luy promit de la prendre pour femme si elle se vouloit faire Catholique ; & soit que le desir d'espouser ce Gentilhomme la pressast, soit que l'instruction qu'elle receut en secret de nostre saincte Foy par quelque Ecclesiastique (y en ayāt quantité en Hollande qui y viuent déguisez) eust gaigné son entende-

Le frere conscientieux.

ment, elle se conuertit ; mais restoit la premiere difficulté, de la resistance du pere de Fulque. Comme il estoit en ces termes, Sinosie (ainsi s'appelloit cette Hollandoise) accoucha d'vn beau fils, qui ressembloit parfaictement à Fulque, & à qui il fit donner son nom. A la naissance de cet enfant il renouuele ses sermens à Sinosie, & ses promesses de l'espouser ; mais il y a difference entre les propositions humaines & les dispositions diuines : car vne occasion de guerre s'estant offerte, Fulque n'y voulut pas manquer, & comme il estoit tousiours des premiers au peril, il fut des premiers blessez, & de telle sorte, que rapporté parmi les siens & dégagé de la meslée, ses playes furent iugées incurables : Il se disposa donc à la mort, où il fut assisté par Sinosie auec des soins & des douleurs incroyables ; elle le fit souuenir de sa foy, tant de fois iurée : ce qui luy toucha tellement le cœur, que quelques iours auant que mourir il la prit pour femme par la main d'vn Prestre en presence de tesmoins, & signa son contract de mariage, declarant son fils legitime & son heritier. Quand il fut mort, Sinosie vint en France, & y apporta son fils, se iettant aux pieds du pere de Fulque, le conjurant de la recognoistre pour sa belle-fille, & cet enfant pour son petit fils : mais elle ne trouua point d'autre grace deuant ce Vieillard, qui vouloit establir sa maison sur son puisné Epitace, que de luy promettre quelque pension durant sa vie, retenant son petit fils, l'image de son aisné, pour le faire esleuer, & luy laisser quelque bien : Mais apres la mort de ce bon homme, Epitace, qu'il auoit par son testament laissé son heritier, fit comscience de receuoir cet heritage au prejudice de son nepueu; mais par vne insigne & memorable moderation, s'en reseruant vne portion bien mediocre, il laissa les fiefs principaux au petit Fulque, & voulut que sa belle sœur Sinosie fust la tutrice de son fils. Action d'vne franchise si rare, qu'il me semble que les paroles manquent pour la loüer dignement. Cet enfant estant venu en l'aage d'estre instruit, il fut mis au College par sa mere, & par vn malheur estrange, allant vn iour d'Esté se baigner à la riuiere auecque ses compagnons, il se noya; l'heritage qu'Epitace auoit refusé luy reuenant à regret, & d'vne maniere qu'il déploroit luy-mesme. Il constitua vn fort honorable doüaire à Sinosie, vefue de son aisné, auecque sa retraite dans l'vne de ses maisons, montrant en toute sa conduite vn cœur vrayement noble, franc & leal, & autant esloigné d'auarice, que plein de sincerité & de bonne conscience.

L'impieté maternelle.

HISTOIRE XXXVII.

LA Pieté ne se prend pas seulement pour cette vertu qui nous applique au seruice de Dieu, mais elle s'estend encore vers celuy que nous deuons à nos parens & à nos plus proches. Que si les enfans officieux enuers ceux qui les ont mis au monde, s'appellent Pieux, ainsi que le grád Poëte des Romains nomme son Aenée, à cause du secours qu'il rendit au siege de Troye à son pere Anchise; il me semble que ce soulagement

L'impieté maternelle.

gement que les peres ou meres rendent à leurs enfans, soit en les éleuant estans petits, soit en les pouruoyant lors qu'ils sont plus auancez en aage, pour porter le titre de Pieté: & par consequent celuy d'Impieté le vice qui est contraire à cet office charitable. Ie m'en vay vous en faire voir vne incomparable en ce genre, où vous cognoistrez que les passions violentes corrompent tout à fait l'esprit & la raison, & estouffent dans les ames qui en sont possedées les sentimens de la nature qui sont si purs & si vifs, mesme dans les animaux.

Celle dont nous voilerons le nom sous celuy d'Arginire en fournit vn exemple si effroyable, qu'il me semble que c'est là v.ray pourtraict d'vne mere desnaturée. Elle auoit espousé vn Seigneur de marque, dont le nom dans ce recit sera Poëmon; mais con-

V

me elle estoit d'vne humeur aigre,
fascheuse & incompatible, & l'autre
de complexion amoureuse & liberti-
ne, il ne se faut pas estonner si le mauuais mesnage se forma incontinent
parmy eux. Au commencement leurs
communs parens & amis les remirent
à diuerses fois bien ensemble : mais
Poëmon retombant tousiours en ses
débauches, & auec si peu d'accortise
qu'il y estoit apperçeu par cette femelle, non moins colerique que glorieuse, & non moins glorieuse que jalouse; à la fin elle rompit auec luy sans
resource, auecque des tempestes & des
fureurs qui ne se peuuent reciter sans
effray : & le malheur voulut que comme elle se retira d'auprés de luy en vne
maison des champs, qui estoit de son
patrimoine (car elle estoit fort riche
de son estoc) elle se trouua grosse,
dont elle conçeut autant de douleur

qu'auroit de ioye vne autre femme qui aimeroit bien son mary, parce que les enfans sont les liens des cœurs, & les gages les plus precieux de l'amitié reciproque entre les mariez. Elle auoit vne telle haine de ce mari, qu'elle ne nommoit que par des paroles injurieuses & outrageuses, que son dépit se tourna contre ce fruict innocent, qui estoit de luy dans ses propres entrailles, & c'est vne chose horrible à raconter des choses qu'elle fit pour tascher de le faire perir dedans ses propres flancs, mesmes au peril de sa vie mesme. Il n'y a sorte d'efforts ny de breuuages qu'elle n'employast pour en auorter : mais la bonté du Ciel combattant contre sa malice fit venir à terme ce pauure enfant, que cette vraye Medée eust estouffé de ses propres mains si les douleurs de l'accouchement, qui la mirent à l'extremité, ne luy en euſſent point oſté la force. Elle commanda ce cruel meurtre à vne de ſes femmes, qui mieux conſeillée enuoya cet enfant aſſez loin pour y eſtre éleué chez les parens de cette bonne creature, iugeant qu'outre qu'elle ſe rendroit coulpable d'vn crime digne de mort, en obeiſſant à l'injuſte commandement de cette mere dénaturée, le temps pourroit changer, & l'humeur de Poëmon & la colere d'Argimire; & qu'eſtans remis en bonne intelligence, ils ſeroient bien aiſes de voir le fruict de leur mariage, qui ſeruiroit de ciment à leurs volontez, des-joinctes par la rancune. Bonne & raiſonnable penſée, mais qui n'eut pas le ſuccez qu'elle eſperoit: car c'eſt chercher des poiſſons dans les airs que d'imaginer de la raiſon en des ames que la paſſion poſſede. Rien ne fut capable de reünir

L'impieté maternelle.

ces mariez, qui separez de corps le furent encore de biens; Poëmon de son costé mangeant tout le sien en dissolutions & en despences inutiles ; & Argimire faisant des liberalitez de ses reuenus à quelques-vns de ses parens, qu'elle prit en affection, & qui auoient besoin de soulagement. Cette femme, que nous appellerons Euthalie, à qui elle auoit commandé de suffoquer son enfant, luy ayant fait croire qu'elle auoit executé cette barbarie, entra tellement en ses bonnes graces, qu'elle en tiroit tout ce qu'elle vouloit ; elle la maria richement, & la retint auprés d'elle, la voulant gaigner par ces presens, & l'obliger à tenir secrette cette méchanceté qu'elle luy auoit commandée. Euthalie qui auoit le naturel aussi doux & pitoyable, que sa maistresse l'auoit fier & sanguinaire, employoit vne partie de ce qu'elle en tiroit pour esleuer ce petit nourrisson, que nous appellerons Narui, qui croissoit tous les iours en âge & en gentillesse, monstrant bien à sa generosité naturelle le lieu d'où il estoit sorti, encore qu'on le nourrist bassement & comme fils d'vne femme de petite cõdition. A peine auoit il douze ans quand Poëmon mourut, les débauches ayans accourci le terme de sa vie, il laissa vn heritage assez embroüillé, mais qui fut recueilli, tel qu'il estoit, par ses plus proches heritiers; & tombant en des mains ménageres, il fut incontinent éclairci; en quoy la Prouidence, par vne voye admirable, trauailloit pour le pupille. Paruenu en l'aage de vingt ans, le secret de son education ayant esté à vne femme, enfin il fut euenté, & Narui qui auoit vn grand courage ne se fut pas aussi-tost asseuré de cette ve-

L'impieté maternelle.

rité par la bouche mesme d'Euthalie, qu'il pensa au moins de se faire recognoistre à sa mere, & d'avoir l'heritage de son pere. Qui croira la verité que ie vay auancer, & qui est si contraire au ressentiment du sang & de la nature! Euthalie ayant pris la charge de declarer à Argimire la conseruation de Narui, croyant que Poëmon mort, elle ne garderoit pas sa rancune contre vn fils innocent, se trouua bien trompée en son opinion: car elle n'eut pas plustost donné cette nouuelle à sa Maistresse, qu'autant qu'elle en auoit esté aimée tandis qu'elle l'auoit creuë meurtriere, autát feut-elle en haine. Aussi-tost qu'elle la cogneut comme conseruatrice de son fruict, peu s'en fallut que cette femme dénaturée ne sautast à sa gorge & ne l'estranglast. Apres toute sorte d'outrages, dont elle n'eust pas voulu charger la plus grande ennemie qu'elle eust au monde, elle la chassa honteusement de sa maison, ne voulant pas l'oüir en ses alleguations. Cependant Dieu ayant osté le cœur de mere à cette impie, l'auoit donné à Euthalie pour Narui: car elle le prit en telle affection qu'elle luy promit de l'assister de tout son bien pour faire vuider ce grand procez, que l'enfant entreprit contre sa mere, & contre ceux qui auoient recueilli la succession de son pere: Et certes, si Dieu ne luy eust suscité cette aide, il ne fust iamais venu à bout de ses pretensions tant il est vray que ceux-la se retirent mal-aisément de la misere qui y sont vne fois plongez: Mais secouru de cette bonne femme, qu'il deuoit bien appeller sa vraye mere, puis qu'elle luy auoit sauué la vie, & puis qu'elle l'assistoit de tout ce qu'elle auoit de

L'Impieté maternelle.

bien, il eut moyen de faire paroiſtre aux yeux de la Iuſtice la verité de ſa pretenſion, qui luy acquit enfin, ſinon tout, au moins la meilleure partie de la ſucceſſion de ſon pere, eſtant declaré vray & naturel heritier, & puis de là il ietta ſes fondemens ſur le futur heritage de ſa mere, qui dépitée de ce ſuccez, ne le voulut iamais recognoiſtre pour ſon fils, ny auoüer pour ſon ſucceſſeur celuy qui portoit le nom & les Armes de Poëmon, tant cette haine s'eſtoit reduë implacable en ſon ame contre la memoire meſme de cet homme qui n'eſtoit plus. Voyez iuſques où va la rage, lors que comme vn torrent furieux elle a paſſé toutes les bornes de la raiſon; elle fit tout ce qu'elle peut pour faire paſſer ſa ſucceſſion en d'autres mains, au prejudice de ce Gentilhomme, qui eſtoit l'os de ſes os, & le ſang de ſon sang. Cruelle mere, ou pluſtoſt implacable maraſtre, que ny les larmes, ny les ſoumiſſions, ny les prieres, ny les reſpects, ny aucune ſorte de deuoirs ne peurent iamais fléchir! Choſe eſtrange! que d'vn eſprit arreſté à vne opiniaſtreté, & determiné à vne paſſion! Elle mourut en cette haine irreconciliable: & ce qui fut admirable, ce fut ſoudainement, & lors qu'elle penſoit le moins à faire ſon teſtament, n'eſtant malade que ſix heures, & perdant le iugement dés la deuxieſme de ſa maladie: ce qui rendit plus facile à Narui l'accez à ſon heritage: car l'Arreſt qu'il auoit obtenu pour celuy de ſon pere, luy ſeruit de prejugé: de ſorte qu'il eut peu de peine à ſe faire adjuger celuy-cy. Apres quoy, il ne fut pas ingrat enuers Euthalie, qu'il reſpecta toute ſa vie comme mere, & comme la conſeruatrice

L'impieté maternelle. 315
de sa vie & de sa fortune, luy en faisant telle part, qu'elle eut occasion de recognoistre, que comme la moindre coulpe porte sa peine en croupe, le moindre bien-fait ne va iamais sans traisner sa recompense à sa suite.

La Supercherie.

HISTOIRE XXXVIII.

POVRVEV que les Italiens viennent à bout de leurs vengeances, ils ne se soucient pas quel moyen ils employent, ou de force, ou de finesse, ou de courage, ou de tromperie, encore que l'honneur s'engage dans les supercheries, ils ne font point de difficulté de s'en seruir pour accomplir leurs desseins: vous l'allez voir en l'Histoire qui suit.

Il y a quelques années qu'il s'émeut vn different entre le Duc de Modene & le Prince de Guastalla, tous deux Souuerains en Italie, pour le regard de leurs limites: à raison dequoy, ils firent vne petite guerre. Auparauant cette difficulté, vn Gentilhomme de Reggio, que nous appellerons le Signor Hippolite, recherchoit en mariage vne fille de Guastalla, nommée Polixene : & les choses en estoient arriuées si auant, que les accords estoient sur le point d'estre conclus. Le debat d'entre ces Princes arresta le cours de cette alliance, parce qu'Hippolite se fust rendu suspect à son Souuerain s'il se fust marié dans les terres de celuy qui estoit lors son ennemy. Il differe donc sa poursuitte, & ayant vne belle charge dans les gens de guerre que leua le Duc de Modene, il estoit tous les iours à cheual, faisant des degasts dans l'Estat du Duc de Guastalla. Cette dissention donna prise à vn Cheualier de Guastalla mesme de pretendre à Polixene, qui estoit vn parti auantageux, & dont les beautez estoient bien capables de donner de l'amour. Il auoit aussi charge dans les armes de son Prince, dont il employa l'authorité pour faire deffendre au pere de Polixene de la donner pour femme à Hippolite, & en suitte pour luy faire entendre qu'il auroit agreable le mariage de sa fille auecque le Signor Dom Thadeo (ainsi s'appelloit ce nouueau Pretendant.) Sur vne si belle ouuerture il se declare seruiteur de cette Damoiselle, se pare de ses liurées, & à camp ouuert se dit son Cheualier. Ceux qui sçauent bien la briefueté des Estats de ces Princes d'Italie, me croiront bien si ie leur dis que cette nouuelle ne fut pas long temps à venir aux oreilles du Signor Hippolite, qui en entra en vne colere qui ne se peut descrire. Il écrit aussi tost à cette fille & à son pere, leur fait de grandes plaintes de souffrir qu'vn autre le supplante & vienne à la trauerse rôpre le traicté qui estoit comme accordé entr'eux, & qui se pourra terminer quád la guerre sera finie: mais soit que le pere de Polixene fust intimidé par le commandement de son Prince, soit que les courses & les rauages que Dom Hippolite faisoit tous les iours dans les terres de Guastalla le fissent regarder & haïr comme vn sanglant ennemy, il n'eut autre responseque des mépris, qui le mirent en vne telle fureur, qu'il ne songea plus qu'à satisfaire à sa vengeance. Et ce qui l'y poussa encore dauantage, ce fut que Dom Thadeo batrant le fer tandis qu'il estoit rouge, & craignant que la paix faite, Dom Hippolite, qui estoit beaucoup plus riche que luy, ne reuint sur ses premieres brisées, & ne renuersast ses desseins, pressa tellement cette alliance, y employant le credit de son Prince, qu'en peu de iours il se vid accordé, fiancé, & presques à la veille de ses nopces. Dom Hippolite sçachant cela, redouble ses exploits de guerre, & ne va plus à la charge comme vn simple & iudicieux combattant, mais comme vn desesperé qui cherche vne mort honorable pour terminer vne vie ennuyeuse. Mais plus il desire la perdre, plus la conserue-til, parce que les hazards s'esloignent de sa furie. Tout son desir estoit de rencontrer son riual, pour luy faire sentir ce que peut le desespoir sur vn grand courage; mais les occasions ne s'offrent point.

De quoy se va-t'il auiser, ce fut de faire desfier Dom Thadeo par vn Trompette, le sommant, s'il estoit braue Cheualier, qu'il eust à choisir le champ pour donner ensemble vn coup d'espée en consideration de leur commune maistresse. Dom Thadeo se trouua engagé d'honneur de receuoir ce cartel, ayant promis d'y répondre en personne au lieu qu'il nomma à celuy qui l'auoit apporté. Dom Hippolite, qui vouloit à quelque prix que ce fust l'empescher d'espouser Polixene, & qui tenoit pour trahison la recherche qu'il en auoit faite à son prejudice, s'auisa d'vne insigne perfidie, qui fut, de luy dresser vne embuscade: ce qui reüssit comme il l'auoit projetté, & de cette honteuse façon Dom Thadeo vint vif en sa puissance. Estant son prisonnier il ne luy demandoit autre rançon, sinon, qu'il renonçast

renonçast par escrit à la pretension de Polixene, ce que Dom Thadeo ne voulut iamais faire, luy reprochant au contraire sa laschété, de luy auoir dressé vne embuche au lieu de ce battre auecque luy en combat singulier, & decider leur different auecque leurs armes. Dom Hippolite qui le tenoit se mocquoit de ses brauades, sçachant bien qu'il en prendroit telle vegeance qu'il voudroit. Cependant qu'il digere à loisir sa mauuaise humeur dans la prison, Dom Hippolite fait solliciter Polixene de luy continuer la parole qu'elle luy a donnée, & de n'admettre point la recherche de Dom Thadeo; mais au lieu d'en tirer vne responce fauorable, il en receut des lettres d'ennemie, mais d'ennemi outrageuse & menaçante, & qui renonçoit pour iamais non seulement à son alliance, mais à son amitié. Le pere de cette fille luy escriuit de mesme, & le Prince mesme de Guastalla ayant fait entendre la trahison de Dom Hippolite au Duc de Modene, & offrant la rançon de Dom Thadeo, le Duc blasma cette action de Dom Hippolite, comme indigne d'vn franc courage, & luy commanda de renuoyer Dom Thadeo, sans aucune rançon. Dom Hippolite reduit de toutes parts au desespoir, s'auisa d'vn expedient execrable pour satisfaire à sa vengeance; & les Italiens se plaisent particulierement à contenter cet appetit auec des inuentions extraordinaires. On tient qu'il appliqua vn poison si violent à ce qui rendoit homme Dom Thadeo, qu'il ne pouuoit plus estre mary; & en cette sorte il le renuoya vers Polixene. Action encore plus infame que la premiere, & qui depuis fut cause de diuers meurtres. Car la guerre d'entre les Princes ayant duré peu de temps, Dom Thadeo, qui ne vouloit plus viure apres vn si grand affront, qui le rendit non seulement impuissant, mais impotent, car la force de la poison coula iusques à ses iambes, & luy en osta l'vsage, il employa vne partie de son bien pour acheter des assassins, qui en fin luy apporterent la teste de son ennemy, à qui il fit des indignitez horribles. Et depuis il fut luy-mesme meurtri par des Braues payez par le frere de Dom Hippolite, & le pere mesme de Polixene fut attaqué par ces hommes de sang, qui le perçerent en diuers lieux, dont il mourut au bout de quelques iours. Quant à Polixene, sujet innocent de toutes ces Tragedies, la Relation ne nous apprend point à quoy se termina sa fortune, c'est pourquoy ie n'en diray rien, me contentant de faire reflexion sur les malheurs prouenus de cette indigne Supercherie, & d'en apprendre que les perfidies ne peuuent produire que des effets dommageables à ceux qui les commettent.

Les deux Courtisanes.

HISTOIRE XXXIX.

Vi est debout auise de ne tomber pas, dit l'Oracle sacré, & encore, Tien ce que tu as, & prends garde qu'vn autre ne te rauisse ta Couronne, & que ton chandelier ne soit osté de son lieu. Donne ordre que la lumiere qui est en toy ne deuienne tenebreuse. Les Iugemens de Dieu sont de grands abismes, ses voyes sont incomprehensibles. Qui est mauuais se retire de son mal, & se conuertisse à bien, & que celuy qui est iuste & sainct, so iustifie & sanctifie encore dauantage. Quiconque met la main à la charruë & regarde en arriere, n'est pas digne du Royaume de Dieu, n'auancer pas en la routte du Ciel, c'est rettograder; ne monter pas, c'est descendre. Il faut tousiours s'estendre en auant, cheminer auecque circonspection, & pousser plus outre pour abonder dauantage au bien. Qui escoute la tentation en est surpris, qui aime le peril, y perira; & qui n'est pas soigneux de reparer les moindres manquemens, decherra peu à peu. Heureux celuy à qui vne saincte prudence fait Imiter celle de l'Aspic, qui bouche son oreille à la melodie de l'enchanteur. A qui vole à l'estendard de la Croix, & qui y vogue à pleines voilles; c'est

X iij

vne dangereuse remore que d'escouter tant soit peu les piperies du monde. J'auance toutes ces paroles, tirées des sainctes pages pour seruir d'antidotte à la narration que ie vay faire, où paroistra le iugement, non moins admirable qu'adorable, de celuy qui est infinimēt plus sage que Salomon, sur deux Courtisanes, dont vous allez voir les succez bien differens ; car l'vne qui n'auoit pas la grace elle sera donnée, & ostée à celle qui l'auoit, selon la verité de ce mot remarquable ; Deux au champ, l'vn pris, l'autre laissé ; deux femmes au moulin, l'vne prise, l'autre laissée. Et ce fut certes au moulin, où sous les meules de la contrition se fait la farine blanche du repentir, qu'auint ce que ie vay déduire.

J'entends en vn Conuent de Repenties, qui est en l'vne des meilleures villes de nostre France. Dans les grandes Citez où se commettent de grands maux, il y aussi de grands remedes; & auprés des lieux de débauches s'érigent les aziles de pieté; comme nous voyons dans les iardins, qu'auprés des herbes venimeuses croissent les salutaires, l'antidote estant voisin de la poison. Deux filles malheureuses, ou pour les mieux appeller, deux Vierges folles, nées dans vne mesme Prouince, de cette petite Noblesse de la campagne, que la pauureté reduit à des actions roturieres, furent contraintes de se ietter en la ville, & de se mettre à la suitte de quelques Dames de qualité, où elles estoiét en qualité de seruantes, ou de suiuantes, pour tascher en déchargeant leurs parens, d'acquerir par leurs seruices quelque parti qui les peust tirer de la misere où la pauureté de leur naissan-

ce les exposoit. Elles se cognoissoient
dés leur enfance, & leur cognoissance continuée par droict de voisinage,
les auoit renduës bonnes amies. Elles trouuerent des conditions assez
honorables, où elles vescurent quelques temps comme doiuent faire des
filles de bien: Mais helas! si les plus
sages & les plus voillées se perdent
quelquefois, si les colomnes d'honneur sont ébranlées, que feront parmi tant de vents & d'orages, dont
le monde est plein, les roseaux du
desert? Comme elles auoient assez,
& pluftost trop, de grace & de beauté, il ne se faut pas estonner si des indiscrets firent naufrage de leurs desirs aux escueils de leurs visages. Infortunée beauté! tu es vn thresor de
verre luisant, mais fragile, & sujet à
tant d'embusches, que c'est vn miracle quand tu peux euiter les mains

Les deux Courtisanes. 329

rauissantes de ceux qui te guettent. Gildarde & Caliope en sont de tristes exemples, qui diuersement agitées firent vn mesme débris. Que les Dames qui ont des maris encores ieunes & de complexion ardante & subiette à prendre feu, auisent à ne prendre point autour d'elles de ces filles dont les beautez leur puissent donner dans les yeux, de peur qu'elles ne fassent de leurs seruantes leurs riuales, & que ces riuales ne deuiennent insolentes contre leurs maistresses. Ie dis cecy parceque le maistre de Gildarde, que nous appellerons Clodulphe, ayant conceu des desirs illegitimes pour elle, dont ie ne veux dépeindre ny la naissance ny le progrez, il sçeut si dextrément éblouïr les yeux de cette pauurette par ses presens & par ses promesses, qu'il en fit sa concubine, soüillant sa couche d'vne infame & domestique adultere. Ce feu puant & noir se fit bien-tost cognoistre par sa noirceur & sa fumée, & à moins que d'estre aueugle sa femme ne pouuoit ignorer son injuste commerce. Imaginez-vous les bruits & le mauuais ménage que causa ce desordre, & vostre pensée espargnera autant vostre patience & mon loisir. Il en fallut venir à ce poinct, ou que Seuerine, femme de Clodulphe sortist de sa maison, & se retirast chez ses parens, ou que la concubine en vuidast: car elle estoit deuenuë insolente iusques à ce poinct, qu'elle n'estoit pas plus supportable à sa maistresse, qu'Agar à Sara. La femme qui estoit de bon lieu, & dont les parens estoient fort authorisez, gaigna son procez, ie veux dire qu'elle demeura dans la maison : Mais ne vous imaginez pas que Clodulphe coiffé de la folle amour de Gildarde l'abandonne pour cela; Il la met en vne chambre à la ville, où il la voit tous les iours, & l'entretient auec vne depense somptueuse. Parce que cet adultere publié & cognu de plusieurs scandalisoit beaucoup de monde, & qui estoit le pis, ruinoit la maison de Clodulphe. Les parens de Seuerine estoient sur le poinct de faire mettre cette mauuaise Gildarde en prison, & de la faire chastier selon sa faute: Mais Seuerine, meilleure femme que Clodulphe ne luy estoit bon mari, sçachant que cette affaire ne se pourroit terminer sans beaucoup de desordre, tenta de plus doux moyens, & entremit des personnes de deuotion pour remonstrer à Gildarde le déplorable estat de son ame, & la porter à la retraitte du monde : à quoy Seuerine promettoit de l'assister. Ces bonnes gens y trauaillerent si heureusement, & trouuerent cette miserable en vne disposition si desirable & si docile, qu'en peu de iours, de son bon gré, elle se ietta dans les Repenties, laissant Clodulphe sans luy dire adieu, en des fureurs aussi grandes que l'amour qu'il auoit pour elle estoit violente. A quels excez ne le porta cette rage qui enleue le sens & la raison? Ayant apris que cela s'estoit pratiqué par le sainct artifice de sa femme, il la voulut quitter, & de faict il s'en alla aux champs passer sa fantaisie pour deux ou trois mois : Mais tant s'en faut que l'absence ny le temps éteignist son feu, qu'au côtraire cette cendre rendoit son brasier plus chaud & ses inquietudes en estoient deuenuës plus vehementes. Il reuient à la ville auec tant de dépit contre sa femme, qu'il n'en peut supporter la veuë ; de sorte que mal-traittée & mesprisée, elle est contrainte d'aller en la mesme maison des champs d'où Clodulphe venoit. Elle s'y retira sous pretexte de quelque mesnage, mais son mary en fit bien vn autre à la ville, que vous allez entendre. Ne pouuant entrer par force en cet azile sacré où s'estoit refugiée Gildarde, il s'auisa d'vne contremine, & de r'auoir par finesse ce qu'il auoit perdu par subtilité. Il sçauoit l'amitié qui auoit esté fort estroitte entre Caliope & Gildarde, il va trouuer celle-là pour l'employer à son dessein. Mais il me faut, auparauant que ie vous le raconte, representer l'estat où se trouuoit lors cette Caliope. Elle auoit serui vn long-temps en vne maisõ toute pleine d'honneur, ayant vne maistresse aagée & vn maistre aussi fort auancé en aage, mais le malheur de sa cheute ne laissa pas de naistre en la mesme maison, car sa maistresse ayant de grands enfans, & capables de mariage, elle fut si bien muguetée & cajolée par l'aisné, que nous appellerons Iulian, qu'en fin apres plusieurs sermens d'inuiolable amitié, & mesme sous la promesse de l'espouser quád son pere seroit mort, elle se laissa gaigner à l'impetuosité des desirs de ce ieune homme : & ils conduisoient leur trame si finement, que nul dans la maison ne s'apperçeuoit de leur pratique, estant aisé de dissimuler vn amour qui est arriuée au plus haut point de ses pretentions. Les affaires de Caliope estoient en ces termes quand Clodulphe la pria de luy prester son aide pour tirer Gildarde du lieu où elle s'estoit mise à l'abri des orages du monde. Cette fille se laissa aisément aller à luy rendre cet office enuers sa compagne, de qui elle sçauoit la vie, & qui sçauoit la sienne principalement, sur la protestation que faisoit Clodulphe d'espouser Gildarde s'il deuenoit veuf. Il n'y a rien qui tente si violemment les pauures filles que ces promesses de mariage, vrayes ou feintes. Aussi fust-ce ce qui esbransla dauantage la resolution de Gildarde. Caliope la fut visiter, & comme sa mauuaise vie estoit cachée on luy permettoit, comme à vne Damoiselle d'honneur, de conferer auec Gildarde autant qu'elle vouloit. Ce qui luy donna le moyen de luy faire sçauoir les passions & les intentions de Clodulphe, & en suitte de luy remettre de ses lettres, qui furent autât d'alumettes pour rallumer en son cœur ces mauuaises flammes que la grace auoit esteintes. Mais qu'auint-il ? tandis que celuy qui tente se sert

des artifices de Clodulphe pour rappeller cette ame imprudente à son vomissement, Dieu qui veille sur Israël, & qui ne dort point, ne voulant pas que le mauuais esprit preualust contre le bon, trauailla sur le cœur de Caliope, par l'entremise de la Mere Superieure de ce Monastere, où Gildarde n'estoit encore qu'en l'aprobation, que l'on appelle Nouiciat, & les écailles tombantes des yeux de Caliope, elle recogneut sa déplorable condition, & le perilleux estat où elle estoit pour son salut eternel. Sur quoy ayant esté portée à la penitence, & à vne serieuse confession de ses pechez, elle se disposa à embrasser la Croix Religieuse. A quoy elle se sentit doublement obligée, tant par l'inspiration, que par la sortie de Gildarde, dont elle fut cause par ses sollicitations, & les artifices de Clodulphe, dont elle
fut

fut l'ouuriere en ce mystere d'iniquité : Si bien que peu de iours apres que Gildarde fut reuenuë en la possession adultere de Clodulphe, Caliope se retira d'entre les bras de Iulian, prenāt la place de celle qu'elle auoit arrachée du pied de l'Autel, prenant le pretexte de ce remplacement pour entrer en ce lieu, où il semble qu'on ne puisse se ráger sans quelque marque d'opprobre. Mais ce qui descouurit le pot aux roses, ce fut la fureur de Iulian, qui l'en vouloit retirer comme sa femme, declarant la pratique secrete qu'il auoit eüe auec elle ; en quoy il fut si violemment contredit & auecque tant de puissance par ses parens, que iugement fut rendu, qui luy deffendoit d'épouser cette fille, auec deffence signifiée à Caliope de pretendre aux nopces de Iulian, & de rendre ses promesses si elle en auoit quel ques-vnes: ce qu'elle fit de grand courage, renonçant pour le seruice & la croix de Iesus Christ, misericordieux aux pecheresses, à toutes les pretensions qu'elle pouuoit auoir en Iulian. Quant à Gildarde, comme sa recheute fut infame, sa fortune aussi fut miserable, & sa derniere erreur pire que la premiere, car estant retournée, non seulement au pouuoir de Clodulphe, mais en sa maison mesme, où elle luy tenoit le lieu de sa femme, iamais cet homme n'y voulut reuoir Seuerine, la tenát tousiours écartée en cette maison des champs, iusques à ce que les parens de cette femme indignement traittée firent tomber cette concubine effrontée entre les mains de la Iustice, qui la fit serrer dans vn cachot, où pour auoir esté traisnée par force, & chargée de quelques coups par ceux qui l'y conduisoient, a qui elle faisoit resistance, & disoit des injures, elle se trouua grosse de quelques mois par mal-heur; De sorte que de ses efforts, de l'incommodité de la prison, & du déplaisir qui luy saisit le cœur, elle fit v..e mauuaise couche, dont elle mourut. Cette mort rompit le charme dont l'esprit de Clodulphe estoit occupé, & luy ouurant les yeux sur le vray & le bien, luy fit cognoistre le tort qu'il auoit de traitter de la sorte son honneste & vertueuse compagne. Il se remit en vn meilleur train, & s'estant reconcilié auec elle s'habilla par sa bien-veillance ses aigreurs passées, & ayant par vn meilleur ménage reparé les debtes de ses folies precedentes, il apprit par experience la verité de ces mots diuins, Que la maison où regne l'adultere n'a iamais de bon-heur; au contraire, que tout cooperce en bien à ceux qui sont bons, &

que la gloire & les richesses ne se separent iamais de ceux qui par le chemin de la vertu cherchent le Royaume du Ciel, & sa Iustice. Cependant n'admirez-vous point les diuers traits de la Prouidence de Dieu sur ces deux Courtisanes; & ne voyez vous pas qu'il croise les mains sur elles comme fit Iacob sur Ephaim, & Manassé, mettant à la gauche des reprouuez celle qui auparauant estoit à la droite, & à la droite des Esleus celle qui estoit à la gauche. Changement adorable de la main de celuy qui fait & met en honneur des vases d'ignominie. O qu'il fait bon s'attacher à Dieu, & mettre en luy son esperance.

L'amour de la liberté.

HISTOIRE XL.

NOn, ne vous imaginez point que ce soit icy le déguisemét d'vne Histoire qui se lit dans Nicephore Calixte, qui a quelque air de ressemblance de cette fille, qui pour conseruer sa virginité, qui estoit sur le point d'estre flétrie par vn barbare, luy fit croire qu'elle auoit d'vne eau qui rendoit la peau du corps qui en estoit laué à l'espreuue des coups d'espée, & qui en ayant mis sur son col en donna l'essay au soldat, qui d'vn reuers separa de son corps sa chaste & genereuse teste. Car bien qu'en quelques-vnes des occurrences que ie décris, ie me serue d'aucuns déguisemens qui n'alterent en rien la verité, & qui donnent quelque nouuelle grace aux rencontres; si est-ce qu'ayant apris celle-ci d'vn Cheualier Italien qui me la donnoit pour veritable, & arriuée il n'y a pas quarante ans, i'ay creu que ie deuois rendre ma creance à sa foy & à sa parole.

Ceux qui ont esté en Sicile, cette Isle incomparable en fertilité, & de long-temps l'enuie & le desir des Turcs, n'ignorent pas que ses riuages sont assez souuent tourmentez des courses des Infidelles. Ils y font quelquefois de grands rauages, & saccageans des vill ges entiers qui sont sur les costes, ils emmenent vn grand nombre d'esclaues de tout aage & de tout sexe. Vn iour les Galeres de Bizerte ayans fait vne entreprise sur vne bourgade de la coste de Palerme, ils pillerent tout, & mirent dans leurs vaisseaux beaucoup de gens, qui chágerent la liberté de leurs pays à la seruitude de la Barbarie. On sçait assez qu'en fait d'esclauage les Maistres ont tout pouuoir sur les corps de leurs esclaues ; ce qui est déplorable pour le regard des femmes & des filles, qui par ce moyen se trouuent abandonnées à la conuoitise des Musulmans. Vne ieune Damoiselle appellée Valeria, s'estant trouuée dans le nombre des captifs, donna aussi-tost par sa beauté dans les yeux de plusieurs Affriquains, qui ardans à cette proye, en firent ce qu'ils voulurent, se la vendans l'vn à l'autre : Cette belle & vertueuse fille qui ne vouloit pas suruiure à la perte de son honneur, ny estre ainsi le jouet de l'impureté de ces barbares, se fust donnée cent fois la mort, si la crainte de la perte de son ame ne luy eust rompu ce funeste dessein. Do prier aussi ces brutaux de la faire mourir, c'est ce qu'elle ne pouuoit esperer, de la trop ardante amour qu'ils luy témoignoient, elle eut donc recours à vne ruse pour obtenir cette triste grace d'augmenter le nombre des morts. Son dernier maistre luy témoignant vne passion extraordinaire, elle feignit aussi en auoir pour luy, & luy promit pour recompése de son affection, de luy apprendre vn charme qui le rendroit à l'épreuue des coups d'harquebuse; cet homme qui faisoit profession de valeur, creut que par ce moyen se iettant sans peur au milieu des dangers il acquerroit aussi vn grád nom, qui luy frayeroit le chemin à estre Rays, c'est à dire, Capitaine. Il embrasse cette fille, & luy promet le meilleur traittement du monde si elle luy veut enseigner ce secret. Ie ne veux point d'autre faueur, reprit la

L'amour de la liberté. 345

genereufe efclaue, finon, que vous ne me vendiez point à vn autre, ne voulant point de plus heureufe liberté que de vous feruir ; ces obligeantes paroles furent accuillies de complimens, tels que l'amour les pouuoit mettre en la bouche de ce Barbare. Alors elle demanda du papier & de l'ancre, fur quoy elle traça des caracteres bizarres auecque des mots incognus, fit quelques parfums, marmotta tout bas quelques paroles, fit des mines extrauagantes, mit dans ce papier quelques poudres, faifant femblant de faire vn fort, puis attacha ce billet au bras gauche au deffus du coude & fur la chair de ce foldat, & l'affeura qu'auecque cela il feroit inumerable à tous les baftons à feu : Mais quelle affeurance puis-ie auoir de cela ! reprit le Turc ; I'en ay veu, dit Valeria, cent experiences mefmes en vn de mes freres, qui m'a apris cet enchantement, à qui i'ay veu receuoir deuát mes yeux des coups d'harquebuse tirez de trois pas contre luy, & la bale tomber à ses pieds. Il m'est impossible de donner ma creance à vne si grande merueille, reprit l'Infidelle, si ie ne voy l'effet de ce que tu me dis. I'en suis si certaine, repartit la fille, que i'en feray si tu veux l'épreuue sur moy-mesme. Dequoy estans tombez d'accord, elle recommença à faire les mesmes ceremonies, ou plustost simagrées, & s'estant appliqué le breuet au mesme lieu; Tire, luy dit elle, vers moy ton mousquet chargé à bale, & tu la verras tomber à terre sans me blesser. Le soldat ardant à voir cette experience, charge son mousquet, le lasche contre sa teste, qu'il fait aller en pieces. Ainsi mourut cette genereuse fille, n'ayant peu mourir du regret qu'elle

L'amour de la liberté.

auoit d'auoir perdu les deux choses qui seules peuuent faire aimer la vie à vn chaste & braue courage, l'honneur & la liberté. Et à dire le vray, qui ne sçait pour le faict de la Romaine Lucrece, que la femme ou la fille dont le corps est pollué, quoy que par force, ne voit plus le iour qu'à regret, & ne traisne la vie qu'auecque douleur. Quant à la liberté, c'est bien dont la priuation rend la vie autant odieuse qu'elle est douce quád on en iouyt. Que si les oiseaux accoustumez à l'essor de l'air se laissent, estans pris, mourir de faim en des cages remplies de viures, faisans peu d'estat de leur vie apres auoir perdu la liberté: Que pensez-vous que doit faire vn esprit libre & courageux, quand il se voit reduit en seruitude? Certes, cette fille mourant mille fois de déplaisir chaque iour, racheta tant de morts par vne seule, qui la tira de l'infamie & de l'esclauage pour la mettre en la gloire & en la liberté des enfans de Dieu.

Le Vieillard paßionné.

HISTOIRE XLI.

CE n'eſt pas ſeulement la faim de l'or ou l'auarice, qui porte les courages des hommes à des actions extrauagantes, mais beaucoup plus la volupté : car comme elle ſuit vn maiſtre aueugle, qui eſt l'amour, ſe faut-il étonner ſi l'aueugle qui ſuit vn autre aueugle, tombe auecque ſon conducteur dans vne meſme foſſe ? Auſſi la volupté eſt-elle comparée à cette ordure chaude & bruſlante qui fit perdre la veuë au bon Tobie ; & le Pſalmiſte Royal qui en ſçauoit bien des nouuelles, Ma vertu, dit-il, ma delaiſſé, & la lumiere de mes yeux n'eſt plus auecque moy : Et encores ailleurs, Le feu eſt tombé, c'eſt celuy de la concupiſcence ſenſuelle, & ils n'ont plus apperçeu le ſoleil de la raiſon. Vous allez voir toutes ces diuines veritez brillantes ſur le cours de cet euenement, où vous verrez qu'vne paſſion renuerſe toute vne grande famille en la voulant eſtablir.

Vn grand Seigneur Napolitain, que nous appellerons Conuille, eſtoit arriué à vn aage fort auancé & caducque, & qui outre cela eſtoit grandement trauaillé de gouttes, qui luy faiſoient perdre l'vſage de ſes iambes la plus grande partie de l'année. Son fils Æmilio, qui estoit son vnique, estant arriué au temps qui oblige les ieunes Seigneurs à songer à se pouruoir, auoit ietté les yeux sur vn sujet que les beautez & les richesses rendoient recommandable. Ayant entrepris cette recherche auecque la permission de son pere, il s'y comporta auecque tant de iugemét, qu'ayant trouué grace deuant les yeux de la fille, & mesme deuant ses parens, ceux-cy tomberét d'accord de luy donner. Conuille entre en conference auecque eux sur les accords de ce mariage, les visita souuent à ce dessein, & eut occasion en ces visites de voir souuét & assez priuément celle qu'il regarda au commencement comme sa belle fille, & depuis comme vne belle fille, & en fin estant deuenu amoureux il l'ayma mieux pour soy-mesme que pour son fils, estimant que l'ordre de

Le Vieillard passionné.

la charité le vouloit ainsi. Il luy fut aisé de venir à bout de cette entreprise, parce qu'il donna la carte blanche aux parens, pourueu que la Damoiselle demeurast en sa puissance. Vne seule difficulté le retarda quelque temps, qui fut, que s'il venoit à auoir d'elle des enfans, quelques auantages qu'il fist à cette nouuelle espouse, Æmilio son aisné emporteroit tout, & ils ne pourroient estre que de paures cadets: à quoy il remedia, tant l'amour l'aueugla, en promettant par contract de mariage que venant à auoir des enfans de Terentia (c'estoit le nom du sujet de ses flames) il entendoit qu'ils fussent ses heritiers, ne faisant Æmilio que legataire, & voulant qu'il se contentast de l'heritage de sa mere qui estoit deffuncte. Representez-vous quel creue-cœur à Æmilio, qui se voit enleuer sa maistresse, & encore l'heritage qui le regardoit par tous les droicts diuins & humains! Sur cet accord l'hymen se consume entre Conuille & Terentia sur le visage d'Æmilio, qui en pensa mourir de douleur. Le pere qui n'ignoroit pas l'amour qu'il auoit fait à Terentia lors qu'il pensoit l'épouser, & qui sçauoit que la fille l'auoit autrefois veu de bon œil, iugea bien qu'il ne falloit pas tenir auprés de la flamme vn flambeau autrefois allumé & encore fumant : à raison dequoy il écarta Æmilio de sa presence, croyāt qu'estant éloigné il digereroit mieux ce déplaisir, que d'auoir tous les iours deuant les yeux ce qu'il ne pouuoit plus regarder ny desirer legitimemét Æmilio fut donc enuoyé à Rome par son pere, où il alla, rempli de tant de mécontentement & de melancholie, que la clarté du iour luy estoit odieuse, se: Tant de pompes & d'éclat qui rendent cette Cour vne image de l'Eglise Triomphante, ne luy peurent donner du diuertissement, & tant d'agreables objets ne peurent charmer sa tristesse: N'ayant donc plus que la mort deuant les yeux, la vie luy estant vn supplice, tantost il projettoit de l'aller chercher honorablement dans les armes, tantost il croyoit que la mort ciuile & les cachots d'vn Cloistre estoient des tenebres assez sombres pour y viure en mourant, & y estre parmy les obscuritez entre les morts du siecle. Il prit cette derniere resolution, & l'effectua. Cecy donna vne grande attainte à Conuille, qui tascha par tous moyens de l'en diuertir, luy offrant de le restaller dans sa succession, & luy troquer vn parti aussi aduantageux que Terentia; mais il ne peut arrester le cours de cette resolution. Il ne prit donc pas non seulement l'habit de Camaldule en la maison de Fuscati à douze mille de Rome, mais l'an reuolu il y fit profession, faisant de grands legats du bien de sa mere. Ainsi Conuille se vid frustré d'heritier de ce costé là : Mais de là à peu de temps il fut consolé sur ce que Terentia se trouua grosse ; mais ce fut d'vn fruict qui ne vint pas à terme, & qui ressembla à ces arbres qui gelent en fleur. Depuis elle ne fut plus enceinte, & Conuille affligé extraordinairement des gouttes par l'intemperante fin de sa vie, mourut en fin parmy des douleurs & de corps & d'esprit, voyant tomber son heritage en des mains estrangeres, pour auoir suiui le flambeau d'vne passion inconsiderée, en vn aage & en vn estat qui dispense les plus déreglez des loix, des liens & de l'vsage d'hymen. Leçon aux Vieillards paſsionnez de finir auecque plus de moderation le reſte de leur courſe.

Le premier Ialoux.

HISTOIRE XLII.

IE tiens cette Histoire de la bouche d'vn Prince, qui m'eſt vn Oracle, & pour ſa qualité, qui m'eſt en reſpect, mais plus encore pour la bôté de ſes mœurs & l'eminence de ſon eſptit. La jalouſie eſt vne amour malade & ſi bigearre, qu'elle produit des meſmes effets que la haine: à raiſon dequoy ie penſe qu'elle eſt appellée dans le ſacré Cantique, aſpre comme l'Enfer: vous l'allez voir en cette narration, non moins veritable qu'eſtrange.

En l'vne des villes de Piedmont, vn soldat de fortune, que son courage auoit porté iusques à la qualité de Maistre de Camp, ayant amassé quelques biens, & estant en bonne reputation dans les armes, deuint amoureux d'vne simple fille de petite naissance. Ayant fait tout ce qu'il auoit peu pour l'acquerir par autre voye que celle des nopces, & sa resistance honorable estant demeurée inuincible, il entra en fin par cette porte dans sa possession, & luy fit l'honneur de la rendre sa compagne. Ils vescurent quelque temps en grande concorde & fort bonne intelligence; cette femme luy témoignant beaucoup de gratitude & de recognoissance de la grace qu'il luy auoit faite de l'esleuer à ses costez, & luy de son costé luy monstroit beaucoup d'amour pour sa soumission & son obeyssance. Cóme elle estoit belle, il crut qu'il estoit obligé à la conseruer, sçachant que le sexe est fragile de nature, encore qu'il eust experimenté assez la constance de cette femme par la longue opposition qu'elle auoit faite à ses poursuites lors qu'elles estoient injustes. Il luy donna plus pour espie que pour seruante, vne ieune fille Milanoise, qu'il auoit obligée par presens à luy estre fidelle. Il aduint par ie ne sçay quel malheur, qu'vn Capitaine, que nous ferons cognoistre sous le nom de Crescentin, fut picqué pour la femme de Gordian, qui auoit nom Flocelle; & par ce qu'il ne pouuoit auoir accez à elle que par le moyen de Leobine, il feignit de la bien-veillance pour celle-cy, qui glorieuse de se voir caressée par vn Capitaine, & ayant quelque opinion qu'il l'espouseroit, presta l'oreille à ses cajoleries, &

Z iij

peut-estre eut auec luy quelques priuautez. Crescentin qui estoit d'humeur vaine, & qui au lieu de celer des veritables faueurs en publioit de fausses, se vanta vn iour à quelqu'vn de sa cognoissance, qui estoit des amis de Gordian, qu'il auoit bonne part aux graces de la maistresse dont il cajoloit la seruante. Cet amy en donna aduis à Gordian, qui sans examiner dauantage l'affaire, se crut trahi, & ne pensa plus qu'à se venger. Il guetta fort long-temps Crescentin pour le surprendre auecque sa femme, & les chastier selon la permission des loix, mais son attente fut vaine, il apperçeut assez souuent le commerce qui estoit entre luy & Leobine, c'estoit le nom de la Milanoise : mais ce n'estoit pas là que le mal le touchoit le plus, seulement il se seruoit de cette cognoissance pour fortifier sa conjecture. Las d'attendre dauantage, & ne pouuant plus souftenir son appetit de vengeance, il resolut de s'en décharger sur ces deux femelles, & à petit bruit. C'estoit en la saison du Caresme, qui en Italie est fort auant dans le Printemps; il feint de vouloir aller passer quelques iours à la campagne pour y iouyr des delices des fleurs & des zephirs. Il y va seul pour mieux ourdir sa trame, & s'estant muny d'vne violente poison, il apreste ce breuuage à sa femme, qu'il tenoit pour infidelle, & à Leobine, qu'il estimoit la complice de sa desloyauté. Y ayant esté quelque temps, il manda à sa femme qu'elle l'y allast trouuer, & il auint que durant l'absence de Crescentin, Flocelle ayant eu quelque fascherie auec Leobine luy auoit donné son congé, & l'auoit remise à son frere, qui l'auoit reconduite à Milan. Flocelle arriuant seule auprés de Gordian, l'absence de Leobine luy fit croire que le remords de la conscience auoit fait écarter cette fille plustost que le sujet que sa femme luy en rendoit. Ayant passé vne nuict auec Flocelle, auec toutes les caresses & tous les tesmoignages d'affection qu'vn mary amoureux peut rendre à vne femme : le matin il changea bien de ton, car luy ayant apporté de la poison dans vne tasse, & tenant vne dague de l'autre main, il luy fit vne longue reproche des faueurs qu'il luy auoit faites, de l'amour qu'il luy auoit portée, & de ses desloyautez, ingratitudes & perfidies, dont il se disoit estre asseuré par le tesmoignage de ses propres yeux, à raison dequoy, sans vouloir ny receuoir ny entendre les excuses de cette éplorée, il luy commanda de choisir promptement l'vn

Le premier Ialoux.

ou l'autre genre de mort, du fer ou du venin. Cette femme ayant en vain prié, pleuré, soupiré, protesté, iuré, fut en fin contrainte, ayant le sang & le fer en horreur, d'aualer le mortel breuuage, qui fit vn effet si soudain, qu'à peine l'auoit-elle pris, qu'elle se trouua demi-morte. Côme ils estoient aux champs cet empoisonnement se passa à la sourdine, elle fut plustost enterrée qu'on n'auoit sçeu son trespas, & nul n'en fit d'enqueste, Gordian publiant qu'elle estoit decedée d'vne mort soudaine, faisant d'autant plus le fasché de cette perte qu'il l'estoit moins. Mais ce cruel jaloux n'estoit pas satisfait en sa vengeance, Leobine en estoit l'autre objet, il n'estoit content qu'à moitié, il va à Milan, où il se rend à la semaine Saincte. Oyez maintenât vne inuention non moins sacrilege qu'execrable. Il se fait de grandes Processions de Penitents & de battus en cette semaine là par l'Italie, principalement le Ieudy Sainct. Il sçauoit le logis de la mere de Leobine, il apprend quelle Procession passoit par cette ruë : sur le soir il se range auec vn sac de Penitent noir, parmy ceux de la procession, qui estoient couuerts de cette liurée. Estant deuant le logis de Leobine, il fait semblant d'auoir mal au cœur, & vne deffaillance ; il s'arreste, heurte à la porte, on y demande du vin ou du vinaigre, la Procession passe, il y est accueilli par la mere & la fille auec hospitalité ; il remarque durant sa feinte deffaillance, qu'il n'y a dans la maison que la mere, vne seruante, vn ieune enfant, & Leobine : il les écarte en diuerses commissions, & puis il assassine ces quatre personnes l'vne apres l'autre, de peur d'estre accusé

Le premier Ialoux.

par quelqu'vne : & apres cela il sort en son habit de Penitent, & se va ranger auec les autres à l'Eglise. Les deux freres de Leobine, qui estoient hommes faits, reuenans de la ville de voir les Processions, trouuerent tous ces massacres en leur maison, dont ils mirent tout le voisinage en allarme. Le lendemain le Piedmontois s'en retourna froidement, ne laissant aucune conjecture de son meurtre, qui ne fut découuert que plusieurs années apres, par la confession qu'il en fit en mourant. Mais comment mourut-il? agité de tant & de si horribles furies, qu'il sembloit desia estre en Enfer, & tourmenté du malin esprit, qui le contraignit de dire tout haut son injustice, & ses abominables vengeances, qui vindrent ainsi à la cognoissance des hommes. Et cependant Crescentin, qui sceut que sa vanterie luy auoit mis cette frenaisie en la teste, protesta que iamais il n'auoit eu d'accointance auec Flocelle, qu'il publioit pour vn rocher de constance, & vne perle d'honnesteté. Declarant mesme que Leobine estoit vne vertueuse fille, encor qu'elle eut de la complaisance en la vanité d'estre cajollée. O Dieu ! qui n'adorera icy la profondité de vos secrets, en ce que vous auez permis que ce coulpable mourust dans son lict sans autre supplice que d'vne fiéure ardente, & pleine de réueries, & abandonné ces innocétes creatures aux injustes fureurs de ce jaloux enragé. C'est icy qu'il vaut mieux se taire que de raisonner, & reuerer la Prouidence par vn silence respectueux, que de sonder sa conduite par vn discours temeraire.

Le second Ialoux,

HISTOIRE XLIII.

Ncore le premier Ialoux que nous venons de représenter auoit-il, sinon sujet, au moins quelque apparence d'ombrage, mais celuy que ie vay dépeindre est jaloux de l'aduenir, & encore de ce qui peut estre legitimement.

On tient que ce fut cette espée de jalousie qui fit si outrageusement déclamer Tertulian contre les secondes nopces, parce qu'estant vieil & ayant vne belle femme, il craignoit qu'apres sa mort elle ne prist vn autre mary. Vous allez voir quelque chose de semblable en la cause, mais Tertulian se contenta d'escrire ses sentimens auec vne plume : mais celuy qui va entrer sur cette scene produira de bien plus horribles & funestes effets.

A Lecque, ville de la terre d'Otranto, proche de la Calabre, Ligorio, Gentilhomme fort auancé en l'aage, fit cette folie qui saisit quelquefois les Vieillards, qui fut, de se remarier. Estant pris par les yeux & épris dans le cœur des graces que la nature auoit liberalement semées sur le front, & les jouës de Nymphodore, ieune Damoiselle de sa mesme ville; il auoit d'aussi grands aduantages par dessus elle en ce qui regarde les biens de la fortune, qu'elle en auoit sur luy pour le regard de ceux de la nature & de l'aage. Les filles en ces quartiers-là se marient les yeux fermez, & n'ont point d'autre inclination que celle qui leur vient de la volonté de leurs parens ; si bien que Ligorio ayant traicté aueéque le pere de celle-cy, il n'y eut de sa part aucune contradiction à ce mariage. Il luy fit de si grands dons par son contract que les parens en furent esblouys, & dirent à la fille que cet homme estant vieil, c'estoit vn pont, ou plustost vne planche pourrie par où elle passeroit vn iour à vne fortune plus esleuée, & à quelque grand party. Voila Ligorio dans l'aise & de plaisir par dessus la teste ; mais s'il estoit pris par les yeux en l'admiration des beautez de sa nouuelle pouppée ; il ne l'estoit pas moins par les pieds par vne forte podagie qui le tenoit presque tousiours dans le lict. Il auoit quelquefois des trefues de douleur & des espaces de relâche, & lors il pensoit estre gueri & bien sain quand il ne sentoit point de mal. Alors il auoit quelque loisir de caresser son idole & de ioüir de sa conuersation. Cette pauure Nymphe toute d'or, & en graces exterieures, & en beautez interieures, qui consistent aux vertus, car elle estoit parfaictement accomplie en l'vne & en l'autre forme, estoit auprés de ce Tithon comme vne Aurore que l'on ne voit iamais sans des roses & des rosées; & celles-ci faisoit voir ordinairemét sur son visage & des fleurs & des pleurs; celles-là sur ses jouës, ceux-cy dans ses yeux; celles-là dans la fraischeur de son teint, ceux-ci pour la compassion qu'elle auoit des souffrances de son mary. Et certes, comme elle estoit tres-honneste femme, & qui n'auoit autre objet d'affection que cet homme perclus, elle l'aimoit cherement & le seruoit fort cordialemét & auecque vn soin extreme; ce qui rauissoit

le

le cœur de ce Vieillard goutteux & languissant. Bien donc que la moindre ombre de deffiance de la fidelité de cette pure & chaste creature ne peust tomber en son esprit; car elle ne voyoit que luy, attachée continuellement à ses costez, & luy rendant incessamment des seruices incomparables, il aprit neantmoins que les parens faisoient desia des projets sur sa mort, & bastissoient sur son tombeau vn second hymen à Nymphodore, les Medecins ayans asseuré qu'il ne la feroit pas longue. Cela (outre son mal aigu & poignant) le mit en si mauuaise humeur, & le fit entrer en des réueries si furieuses, qu'ayant conceu en douleur & engendré l'iniquité, à la fin il enfanta l'horrible injustice que vous allez lire. Sa jalousie ne procedoit ny d'aucun mal que sa femme eust fait, ny voulu

A a

faire, il ne soupçonnoit personne, n'auoit aucune deffiance de son honnesteté, nul ne la recherchoit ny n'auoit les yeux sur elle : si ses parens auoient quelque pensée de la remarier, outre qu'elle en estoit innocente, ce dessein estoit general & incertain, cette femme pouuoit mourir deuant luy, le parti n'estoit point determiné : c'est tout-vn, il estend sa passion iusques apres sa mort, & veut auoir des sentimens anticipez pour le temps qu'il n'en aura plus. Oüistes-vous iamais vne telle bigearrerie; encore s'il se fust contenté de tirer de cette vertueuse femme vne promesse solemnelle sur tout ce qu'il y a de plus sainct, qu'elle ne volleroit point à vne seconde accointance, la priuant de tous les aduantages qu'il luy faisoit si elle espousoit vn autre homme apres luy. Mais dequoy seruent les sermens

& les raisons à vn homme que la passion aueugle? Il se resout de mourir & de finir toutes ses douleurs & ses tourmés d'esprit & de corps par vne mort; mais il veut que celle qui est la compagne de son lict le soit encore de sa sepulture, & la traisner apres soy aux champs Elisées pour y pratiquer l'amour sans douleur & sans jalousie, sous les mirtes verdoyans que les Poëtes y plantent. A ce dessein il fait amasser de la ciguë, faisant croire que c'estoit pour composer vn medicament pour le mal de ses pieds, mais c'estoit pluftost pour celuy de sa teste. Il la fait piller & en tire le jus qu'il fait mettre dans vne tasse, & la serre dans vn buffet, faisant mine de preparer d'autres ingrediens. Ayant donc vn de ces temps de relasche de son mal ordinaire, & ayant sa femme à ses costez dans son lict, apres l'auoir extra-

ordinairement mignardée & caref-
fée, il fe leue, ferme la porte de fa
chambre, & prenant la funefte taffe
d'vne main & vn poignard de l'autre,
il luy fit vn difcours les larmes aux
yeux, du regret qu'il auoit d'en venir
à cette extremité, fans autre fujet que
de l'apprehenfion qu'apres fa mort elle n'en époufaft vn autre; mais que ne
fe pouuant promettre cette fermeté,
ny de fa ieuneffe ny de la foibleffe de
fon fexe, il eftoit refolu de mourir
auecque elle, puifque fes maux ne luy
permettoient pas d'y viure plus long
temps auec contentement. Cette ha-
rangue fut longue, & remplie de tous
les artifices que fa paffion luy fuggera,
pour tafcher de perfuader à Nymphodore ce qu'il defiroit, & luy faire prendre la mort en patience: Mais c'eft vn
morceau fi dur à aualler, qu'il n'y a
eloquence humaine qui y peuft por-

ter aucun si elle n'est accompagnée de la necessité, qui y fait resoudre les plus timides. Apres beaucoup de contestations, qui seroient longues à rapporter, & que ie laisse à vostre pensée, Ligorio ne pensa point la pouuoir mieux obliger à suiure sa volonté qu'en luy frayant le chemin; sur quoy il se resout de prendre le premier la moitié du mortel breuuage, asseurant Nymphodore qu'il chasseroit son ame de son corps auec le fer si elle ne prenoit le reste. Ayant donc aualé sa part de la ciguë, la Dame fut contrainte, le poignard à la gorge de humer le reste. Alors Ligorio l'embrassant tendrement & meslant ses larmes aux siennes, formoit des regrets & des soupirs comme vn Cigne qui degoise ses funerailles. Il estoit vieil & foible, & desia assez froid par l'aage : de sorte que la froideur du venin luy glaça plus promptement le fang, & luy ofta la force d'eftreindre dauátage Nymphodore, qui fe fentant relafchée & fecoüant plus fortement cet homme mourant, elle fauta du lict, ouure la porte, & commence à crier au fecours & à l'aide; fa ieuneffe & fa vigueur refiftant dauantage à la glace du venin: de forte qu'ayant raconté le faict & demandé de l'antidotte, on luy fit foudainement prendre de puiffant vin, dont la chaleur reftaura les parties que le froid de la ciguë auoit defia debilitées: on en prefenta auffi à Ligorio, qui n'en voulut point prendre, & expira de cette façon. Nymphodore, nonobftant ce prompt remede, ne laiffa pas de tomber malade, foit de la peur qu'elle auoit euë, foit de la force du venin ; mais fon âge vigoureux, fa bonne conftitution, le fecours de la medecine & le temps la remirent sur ses pieds, ayāt neantmoins changé en lys les roses de son teint, & sa vermeille couleur en vne pasle. Elle iouyt des aduantages que le desesperé Ligorio luy auoit faits en l'épousant, & de ces grands biens elle acquit vn riche & ieune Seigneur que ses parens luy donnerent pour mary, nonobstāt la sotte jalousie du miserable & forcené Ligorio. Exemple qui fait voir la fureur de cette enragée passion, & où brille la protection du Ciel sur les innocens & les iustes.

Le troisiesme Ialoux.

HISTOIRE XLIV.

NE croyez pas que le venin de la jalousie soit tout delà les monts, c'est vne passion répanduë par tout où l'on aime, & comme l'ombre, inseparable de l'honneur & de l'Amour. Il est vray que les Italiens en sont plus tourmentez, & que leur naturel les y porte par inclination, mais par tout ailleurs le mariage fait des jaloux aussi bien que des miserables. Nostre France en pourroit fournir assez de leçons exemplaires, dont en voicy vne arriuée du temps de nos Peres.

Vn grand Seigneur de nostre France en tiltre & en pouuoir (n'attendez pas que ie vous le declare autrement, si ce n'est sous le nom de Similian) auoit espousé vne Dame de bon lieu, plus pour sa bonne grace que pour ses richesses. Les premieres ardeurs du mariage estans passées il la traitta auecque du refroidissement meslé de mépris. Il la laissoit tousiours en sa maison à la campagne, ne la menant iamais à Paris à la Cour, où il estoit la plus grande partie du temps, où il s'adonnoit au jeu, à la defpence, à la defbauche, exercices ordinaires des Courtifans. A n'en mentir, s'il y a des hommes infortunez en mariage, ils font pour la plufpart caufe de leurs difgraces : car, ou par leur mauuais exemple, ou par leurs fafcheux traittemés, ils rendent leurs femmes femblables à eux. Et il y a des deportemens, dit la Loy, qui aigriffent & irritent à mal faire les plus chaftes. Eraclée, ieune & belle, adjouftez à cela, riche & vaine, ennuyée de ces dédains & de ses longues abfences de Similian, penfa qu'elle pourroit faire auec raifon, ce qu'elle feroit par exemple ; & n'ignorant pas la vie de son mary, qui non content de la laiffer pour d'autres, qui ne luy eftoient comparables ny en beauté ny en merite, auoit particulierement vne concubine, qui luy causoit vne extreme dépence (car cette maudite race de femme ressemble à ces besaces de gueux, qui ne sont iamais remplies) elle laissa émanciper ses pensées hors des bornes de son deuoir, & ietta ses yeux sur d'autres visages que celuy qui seul en deuoit estre l'objet. Vn ieune Gentilhomme du voisinage, que Similian auoit esleué page, & que nous ferons paroistre sous le nom de Bocrilde, fut le funeste sujet qui captiua les affections d'Eraclée. Ce ieune oiseau, non encore déniaisé, pour vn page de Cour, se trouua merueilleusement surpris des caresses extraordinaires de sa maistresse, & il en demeura si troublé, que soit de honte, soit de crainte, il n'osa iamais correspondre à cette injuste Amour. Similian estoit vn Seigneur terrible, & qui se rendoit redoutable à tout le pays, où il auoit vn grand pouuoir, & faisoit trembler des hommes de toute autre consideration que Bocrilde, qui ne faisoit que de quitter la casaque, & qui craignoit encore le foüet d'vn Escuyer. Cette folle femme neantmoins ne cessoit de le solliciter, se monstrant si embrasée de luy, qu'elle en perdoit toute honte. Cet adolescent, qui redoutoit la surprise, d'où il ne pouuoit esperer qu'vne cruelle mort, se retira chez ses parens, tandis que son maistre fut en sa maison, & ne se mit à le suiure que lorsqu'il retourna à la Cour. Eraclée par cette absence ne perdit point sa passion ; au contraire, les fuittes & les difficultez de Bocrilde la rendirent plus aspre, rien n'irritant dauantage le feu que l'eau que l'on iette dessus. Elle écrit donc à ce ieune Gentilhomme ; elle luy enuoye de l'argent & des bagues;

elle tafche par prieres & par prefens de l'attirer à elle ; elle luy confeille de quitter la Cour, de fe retirer d'auprés de fon mary fous quelque fpecieux pretexte, de feindre le malade, de demáder congé de s'en retourner prendre l'air de fon païs, luy promettant à fon retour des felicitez & des auantages qu'il ne pouuoit iamais attendre de Similian, Bref elle accompagnoit tous ces difcours de tant de mignardifes & de traits attrayants, que c'eftoient comme autant de caracteres & de charmes pour ranger Bocrilde à fes infames pretenfions. Bocrilde reçoit fes lettres, & ce qu'elle luy donnoit, eftant extremement alleché par ces amorces, & à n'en mentir point, il y auoit dequoy ébranfler vn plus ferme que luy; & il eft à croire que fa volonté auoit defia plié fous ce joug, & que fon confentement estoit rendu, ne restant plus que l'execution. De sorte qu'il estoit au rang de ceux dont l'Euangile parle, qui ont desia adulteré en leur cœur. Il fait ce qu'il peut pour se retirer d'auprés de Similian, & pour regagner sa Prouince, il supplie son maistre de luy en donner la permission: mais Similian sçachant l'intentió de ses parens, qui l'auoient supplié instamment de le retenir à son seruice, ayans assez d'autres enfans en leur maison, il ne luy vouloit point donner congé. Comme il en estoit là dessus, ne cherchant qu'vne occasion specieuse pour faire essor & voler vers son ayman, voila de quelle façon il fit naufrage auant que de sortir du port. Vn iour estant en la chambre de Similian, voulant tirer son mouchoir de sa poche vola au milieu de la place vn de ces petits écrits amoureux, à qui l'on donne le nom de volaille. Similian qui y prit garde eut pluſtoſt la main deſſus que Bocrilde ne s'en fut apperçeu, & ſans ſçauoir ce que c'eſtoit, car il n'y auoit point d'inſcription, mais à la ſoye, comme à la plume il iugea bien de l'oiſeau : Mon Gentilhomme, luy dit-il, ie ſuis bien aiſe de ſçauoir que vous ſoyez amoureux, & que voſtre maiſtreſſe vous fauoriſe de ſes écrits, ie m'aſſeure que c'eſt cela qui vous fait deſirer voſtre retour, & demander ſi ſouuent voſtre congé. Alors Bocrilde plus eſtonné que ſi ſous ſes pieds vn éclat de foudre fuſt venu balayer la terre, ſautant indiſcrettement à la main de Similian, ſans garder aucun reſpect, taſcha de luy arracher ce papier infortuné, où ſon procez eſtoit tout au long. Cela fit naiſtre plus de curioſité en l'eſprit de ce Seigneur qui s'eſtonna de ſon irreuerence.

Mais Dieu! quel glaçon luy enuironna le cœur, quand il vit que c'estoit de l'écriture de sa femme, & quand il vit dans ces lignes vne effronterie qui ne pouuoit naistre que d'vne extréme & violente passion; pensant estre trahi il met la main à l'espée, & en alloit percer Bocrilde, quand il le vit à ses pieds; le suppliant de l'écouter auant que de le punir. Il aprit de sa bouche ce que nous auons dit, & que ce n'estoient que des sollicitations d'Eraclée, de sa part n'y ayant contribué que les oreilles & les yeux, & tout au plus qu'il n. auoit peché qu'en pensée. Cette lettre en accusant d'autres, Similian luy demanda la clef de son coffre, & voulut estre plainement informé de tout le fonds de cette prattique, le menaçant de le mettre en pieces s'il luy déguisoit la moindre chose. Bocrilde luy auoüa franchement comme tout se passa : Surquoy Similian, Courtisan fin & rusé, mais cruel aussi, dissimulant son dessein, feignit de luy pardonner, à condition toutefois qu'il feroit ce qu'il luy diroit, n'ayant intention que de rendre sa femme plus sage à l'auenir, non de luy oster la vie, Bocrilde effrayé luy promit tout ce qu'il voulut, & alors il luy fit écrire à Eracleé, qu'il esperoit auoir en fin son congé de Similian, & la voir bien-tost pour luy donner toute sorte de contentemens : il accompagna cette promesse de plusieurs termes de complimens & d'affetterie, communs à ceux qui aiment afin que cette femme creust qu'elle possedoit entierement ses affections. Il est aisé de persuader vn esprit que le desir dispose à la creance ; Eracleé receut cette lettre auecque des joyes qui ne se peuuent mesurer que par la grandeur

deur de sa passion; mais elle ne sçauoit pas que ce papier ressembloit à la fueille d'asphalte, qui cache vn aspic sous de belles couleurs. De là à peu de jours Similian prend la poste auec Bocrilde, & luy commanda de voir Eraclée en ce lieu où il pust ouyr & voir ce qu'elle luy diroit, & de quelle façon elle se comporteroit autour de luy, afin que par là il pust cognoistre si rien de mauuais par le passé ne s'estoit passé entre eux. Bocrilde se soumit à tout faire, pour sa propre iustification, sçachant bien au reste qu'il auoit affaire à vn Seigneur hautain & imperieux, qui l'eust tué sur le champ s'il eust auãcé la moindre parole de contradiction: & puis ne se pouuant imaginer qu'il fut cruel iusques-là que de punir la seule volonté sans effect, il marchoit en cecy auec plus de confiance. Arriué deuant Eraclée, & Similian s'eſtant mis en lieu d'où il ne pouuoit eſtre apperçeu, cette femme paſſionnée, fondée ſur les aſſeurances de la lettre qu'elle auoit receuë, ſe voulut ietter à ſon col, l'accueillant auec des paroles ſi libres, & des actions ſi meſſeantes, que ie n'oſe les rapporter. Bocrilde ſe retirant comme par reſ‑pect & ceremonie, elle le reprit de ſa timidité, & luy declara que deſormais il deuoit quitter ces enfances & ces ſimplicitez paſſées, & luy rendre plus d'amour, & moins de reuerence, puis que l'Amour égaloit les Amans, & puis que de ſa maiſtreſſe elle vouloit deuenir ſon eſclaue, en ſe mettant en ſa puiſſance. Elle adjouſta tant de mignardiſes deshonneſtes, & d'affe‑teries effrontées qu'il paroiſſoit bien qu'elle auoit eſſuyé toute pudeur. Bo‑crilde ſe voulut mettre ſur ſes premie‑res excuſes, mais cette femme y fer‑

mant les oreilles se mit à le prouoquer au mal auec des insolences qui firent perdre la patience à Similian, & le contraignit de sortir de sa cachete si enflamé de courroux, que ce fut vne merueille qu'il ne luy passast au trauers de la gorge le poignard qu'il tenoit dans la main. Ie ne sçaurois vous dire quelle fut plus grande, ou la honte d'Eraclée ou la crainte de Bocrilde, & la fureur de Similian; Celle-là eust volontiers dit à la maison, Tombez sur moy; Cet autre eust voulu estre aux extremitez de la terre; Et cettui-cy ne fut iamais animé de tant de rage dans les plus aspres combats. A la fin l'extremité du peril donna de la hardiesse à cette femme, & comme l'impudicité n'est iamais sans impudence, au lieu de demander pardon à son mary de l'offence qu'elle auoit voulu commettre contre la foy qu'elle luy auoit promise, elle se veut excuser en l'accusant, & monstrer qu'elle auoit eu raison de vouloir pecher en l'imitant, & d'estre desloyale à celuy qui luy estoit infidelle, & qui faisoit gloire de la trahir; là dessus elle luy reprocha sa vie, luy ietta au visage toutes ses dissolutions & desbauches, & pensant estre innocente, parce que son desir n'estoit pas arriué à l'effect, elle le traitta si insolemment, & en termes si injurieux & remplis d'outrage, que Similian qui n'auoit pas accoustumé de souffrir telles caresses, apres luy auoir dit toutes les saletez dont il se pût auiser, fit succeder les mains & la battit excessiuement, tenant à honte de soüiller ses armes dans le sang d'vne femme. Cette-ci fit comme le poesson qui sonne haut plus il est frappé; Tant s'en faut qu'elle se confessast, ny vaincuë ny conuaincuë, qu'au contraire adjoustant opprobre à outrage, elle aigrit tellement l'esprit hautain & mal endurât de Similian, qu'il fit venir des foüets & des verges, & l'ayant dépoüillée toute nuë la fit foüetter par son galand, qu'il contraignit à cela le poignard à la gorge, jusques à l'extremité. Ny pour cela elle ne se tait ny ne se rend point, au contraire deuenuë doublement furieuse & enragée, elle tonne des contumelies & des menaces que la rage & le desespoir tirerent de sa bouche contre Similian & contre Bocrilde, dont ie ne veux point soüiller la blancheur de ces pages: ce qui porta Similian à tel excez contre le dessein qu'il en auoit, qui estoit de la corriger, plustost que de la perdre, de se deffaire de cette furie, qui iuroit en sa forcenerie qu'elle ne vouloit point suruiure à vn si cruel affront, que pour le faire mourir. Prenát donc vne de ses jaretieres, dont il lia les mains de cette femelle transportée, & de l'autre il luy serra le col, & contraignit Boctilde de l'aider à l'estrangler. Ainsi mourut Eraclée, non tant pour le mal qu'elle auoit fait, que pour celuy qu'elle vouloit commettre. Cecy se fit aux champs bien secrettement, si bien qu'il fut fort aisé à Similian de faire courir le bruict qu'elle estoit morte fort soudainement de ces estouffemens & opilations communes aux femmes, que l'on appelle suffocations de l'amatri ; mais on pouuoit dire sans feinte & auecque verité, qu'elle estoit morte de la suffocation de mari. Il donna vne bonne bourse à Boctilde & le meilleur de ses cheuaux, afin qu'il se retirast de France : depuis on ne l'y a plus veu ; ce qui fit croire à quelques-vns que sur le chemin il l'auoit fait tuer, afin qu'il ne découurist rien de tout ce mystere. Il fit mettre le corps d'Eraclée dedans le cercueil auecque de la chaux, dont il fut consommé en peu de temps : Et comme il n'y a rien de si caché qui ne vienne à cognoissance, apres quelques années, la verité que nous auons representée, fut si cogneuë & commune, qu'elle est arriuée iusques au bout de ma plume. La qualité de Similian, où luy fit auoir grace, ou a fait qu'on ne l'a ozé rechercher de cette tragique action, qui en effet fort criminelle deuant Dieu, & selon les loix du Ciel? ne l'estoit pas tant selon les Ordonnances humaines, qui ne punissent que les executiõs, & non pas les desirs. Et certes, il est à croire que les outrages de cette femme mirent tellement hors des gonds la raison & la patience de Similian, qu'il fit, transporté de fureur & à la chaude, ce que iamais il n'eust pratiqué d'vn sang plus froid & retenu. Mais quoy ceux qui doiuent perir semblent eux-mesmes chercher leur malheur, & irriter contre eux leur mauuaise fortune. Ce qui a fait dire à vn Historien Romain, que quand le destin iette sa main sur vn homme il luy fait perdre l'entendement, pour l'empescher qu'il ne destourne par sa prudence le coup qui se doit ramener sur sa teste.

La Fille forcée.

HISTOIRE XLV.

L'Avocation Religieuse est vne des plus riches graces que le Ciel puisse verser dans vne ame durant le cours de cette mortelle vie. Car estant dit des Conseils Euangeliques, que tous ne les comprennét pas, & que qui les pourra prendre les embrasse courageusement ; le desir d'aspirer à vne si haute perfection, qui fait imiter en la terre la vie que les Anges menent dedans le Ciel, ne peut estre inspiré par le sang, la chair, & l'inclination de la Nature, mais il est seulement reuelé par le Pere des lumieres, comme vn present tres-bon & comme vn don parfait, puis qu'il conduit à cet estat de perfection, que l'on peut appeller le faiste de l'obseruance de l'Euangile. Aussi voyons-nous que Dieu, de qui les œuures sont toutes accomplies & les voyes iudicieuses, pour faire atteindre à ce but ceux qu'il eslit & qu'il prend comme par la main pour les conduire, & les faire demeurer tout le temps de leur vie dans les Tabernacles qui luy sont dediez dans les Maisons consacrées à son seruice, & pour les faire arriuer puissamment à ce terme, en dispose les moyens auecque tant d'adresse & de suauité que l'on ne sçait ce que l'on doit dauantage admirer en cette conduite, ou la puissance de sa souueraine Sagesse, ou la Sagesse de sa souueraine puissance. O combien est veritable ce qu'à chanté le diuin Psalmiste! Que ceux qui iettent leur espoir en sa bonté changeront de force, s'esleueront au dessus de l'humaine portée, & prenans des aisles d'Aigle, volleront sans s'abattre; & comme des arbres plantez sur les courans des eaux de la grace, ils donneront des fruicts en leur saison, & ne perdront iamais la verdeur de leur feüillage, c'est à dire, que la vigueur de leur courage ne sera iamais abbatuë; Car ceux qui se confient en luy seront

La fille forte. 395

semblables à la montagne de Sion, & ne seront iamais ny battus ny ébranlez par aucun orage. Mais cette eternelle Sagesse se plaist principalement à relever l'éclat de sa puissance sur le theatre de la foiblesse humaine, élisant les choses infirmes pour confondre les fortes; les ignorantes pour terrasser l'orgueil des sçauantes, abattant ce qui paroist grand, parce qu'il n'a nulle apparence. Quand il voulut autrefois abaisser le sourcil de Pharao, & combattre la superbe d'Egypte, il ne se seruit que de choses qui sembloiët foibles aux yeux des hommes, comme vne baguette, des moucherons, des grenoüilles des sauterelles, des tenebres; mais en sa main c'estoient des fleaux à qui nulle puissance humaine ne pouuoit resister : car qui est fort comme celuy qui est terrible sur les Rois de la terre. O combien est veritable & digne d'estre receuë auecque toute reuerence cette parole du Fils de Dieu! Que nul ne peut arracher de sa main ceux que son Pere y a mis, & qu'il a rangez sous l'ombre de ses aisles, iusques à ce que passe l'iniquité. O Sauueur du monde, vn roseau en vostre main, mesme durant vos souffrances, & lors que vous paroissez abandonné de vostre Pere, & laissé comme en proye aux outrages de vos ennemis! Que ce roseau, dis-ie, qui estoit auparauant le joüet des vents, est puissant en vostre droite; puis qu'il peut seruir de Colomne à vostre Temple, & affermir par sa consideration les esprits les plus inconstans. Autrefois le Sage estimoit que le prix d'vne femme forte estoit inestimable; & qu'il le falloit aller chercher en ces extremitez de la terre, Où sont des sourses d'or & des

La fille forte. 397

montagnes d'argent; mais depuis que le Fils de Dieu par ses langueurs a fortifié nos foiblesses & trauaillé puissamment en son bras, & par la droite de son humanité affermi nos debilitez, les filles qui de leur nature ne sont que des feüilles, agitées des moindres vents, deuiennent courageuses, non seulement au dessus de leur sexe & de leur condition, mais plus que des hommes qui se laissent souuent (de quelque force d'esprit dont ils se vantent) a battre à des tentations si molles, que leur lascheté se fait voir par la debilité de leur aduersaire. Mais il est temps que nous appliquions toutes les couleurs que nous venons de coucher sur la planche de cette Preface au Tableau de la Fille forte, que cette Histoire vous va representer.

La datte en est encore si fraische, qu'à l'heure que j'écris cecy, peut-estre n'est-elle pas encore consacrée à Dieu par la solemnité de ces vœux religieux, qui sont les nœuds diuins dōt le sainct Espoux s'attache les ames qui sont si heureuses que d'estre esleuées à la gloire de luy appartenir, & le theatre de cette heroïque & glorieuse action, est celuy-là mesme que la France regarde comme son plus éclatant : Le nom de cette saincte Bergere de Nanterre, deuenuë la Patronne de cette incomparable Cité, fut celuy-là mesme de la fille dont ie dépeins icy la force extraordinaire. Nous le déguiserons sans beaucoup d'artifice ? sous celuy d'Eugenine, la seconde entre ses sœurs, mais la premiere en beauté de tout son voisinage. La mort luy enleua son pere de bonneheure ; & sa mere encore ieune vefue se trouua chargée de quatre ou cinq enfans auecque peu de biens. Il est vray qu'elle en auoit assez pour se guarantir & sa petite famille de ce point de l'extreme necessité, qui porte quelquefois les ames peu constantes & peu determinées au bien, à des conseils moins honorables, mais pour aller dans la superfluité & dans la pompe, c'est à quoy elle ne deuoit pas penser. Encore qu'elle fust encore en l'âge qui dispense quelques vefues de se remarier, &, sous l'aueu du grand Apostre, de tenter, dirais-je, de secondes nopces, ou vn second naufrage, si est-ce que le peu de commoditez & la quantité d'enfans qu'elle auoit la rendirent moins considerable, & peu recherchée de ceux qui d'ailleurs eussent peu trouuer sous les cendres fleuries de sa viduité, des charbons ardans qui eussent allumé leurs affections. Mais comme il n'y a que les imprudens qui se marient par là veuë, la considération de l'estat de cette femme amortissoit aussi-tost les desirs qui s'allumoient à l'éclat de ses yeux. Se voyant donc crucifiée au monde, le monde luy deuint crucifié, & perdant les pensées d'vn second hymen, elle appliqua tous ses soins & toute son attention à l'esleuation de ces chers gages que son mary luy auoit laissez de son affection en descendant dans le tombeau. La petite estenduë de ses facultez temporelles l'obligea à vne frugalité modeste que l'on peut appeller la pepiniere des vertus, comme le luxe & la dépense sont les sources des vices. Tandis qu'elle arrouse ces ieunes plantes, commises à sa culture, des meilleurs preceptes qu'elle auoit pû apprendre, & qu'elle met dans ces vases nouueaux la liqueur precieuse des bons enseignemés, afin qu'ils en retinsent durant le cours de leur

leur vie le goust & la teinture, elle forme des desseins sur leur future condition, selon la coustume de la pluspart des parens qui destinent dés leur aage plus tendre, leurs enfans à des vacations, où peut-estre ils n'auront nulle vocation d'enhaut, combattans auec vne audace blasmable la Prouidence du Ciel par la prudence de la terre. Certes ce n'est pas sans beaucoup d'experiences que les Sages ont cóposé ce mot, Que c'est à l'homme de proposer, mais à Dieu de disposer : Car quoy que face le sens de l'hóme, Dieu le renuerse quand il luy plaist, tout estant en sa main, comme l'argille en celle du potier, pour en faire des vaisseaux d'honneur ou d'ignominie, selon sa volonté. C'est donc en vain que les peres & les meres iettent les yeux dans l'auenir, puis que cette cognoissance est close à l'humaine curiosité; le Sauueur mesme ne trouuant pas bon, & en reprenant S. Pierre, de ce qu'il desiroit sçauoir ce que S. Iean deuoit deuenir. Ce n'est pas que ie blâme le soin regléque prennent les parens d'estudier & de remarquer la portée & les inclinations de leurs enfans, preuoyans leurs pensées de loing, & les esleuans doucement aux professions conformes à leurs propensions; mais de les vouloir forcer en leur choix, c'est vne espece de sacrilege; c'est mettre la main à l'Arche & à l'Encensoir, c'est attenter au dessus de Dieu mesme, qui ayant creé l'homme libre, le laisse en la main de son conseil, & luy cõserue le pouuoir d'estendre son bras vers le feu ou l'eau, ne contraignant iamais sa franchise. Car c'est violer la volonté que de la violenter, puis que son essentielle qualité est d'estre libre:

Liberté qui la compose tellement, que la forcer, c'est destruire son estre & sa nature. Anastasie (nous nommerons ainsi cette mere) donna neantmoins contre cet écueil par son imprudence: ce qui pensa estre cause du naufrage de deux vocations, comme nous verrons en la suite de cette Histoire, & ce qui fut le sujet de beaucoup de broüilleries, &, si ie l'ose ainsi dire, de quelques scandales. Ayāt mis à l'estude les deux masles qu'elle auoit de son mariage, elle garda auprés d'elle trois filles, dont la plus grande estant d'assez mauuaise deffaite pour le monde, à cause du manquement de beauté, fut destinée par elle au Cloistre, afin qu'vn voile la dérobant aux yeux de ceux qui la pouuoient considerer, elle passast ses iours entre les obscuritez, parmy les morts du Siecle. Mais Dieu qui rend fertiles les chassieuses Lias, (& steriles les belles Rachels, en auoit disposé autrement, voulant monstrer en cette rencontre que la sagesse humaine est vne pure folie deuant ses yeux. Iamais Cleriane, quelques persuasions que sa mere employast pour la porter à ce dessein, ne mordit à cet hameçon. Anastasie voyāt que ses apasts estoiēt inutiles, & que iamais ce poisson ne se prendroit à la ligne, elle imita les pescheurs, qui battent l'eau & la troublent pour faire que les poissons donnent dedans leurs rets: car faisant succeder les menaces aux allechemens, & les mauuais traittemens aux semonces amiables, elle ébransla tellement le courage de Cleriane, qui n'estoit pas des plus resolus, que pour auoir, sinon la paix, au moins quelque treue, elle commença à vser de quelque espece de condescendance sinon de bon cœur, au moins par force, sinon de verité, ce fut par dissimulation, & par feinte. Il n'en estoit pas ainsi de nostre Eugenine, qui n'ayant pas l'esprit moins different de celuy de sa sœur, qu'elle en auoit le visage, brusloit dés ses plus tendres ans du desir d'appartenir en qualité de Vierge & d'Espouse chaste, à cet Agneau immortel que les Anges adorent, & dont le Soleil & la Lune empruntent leur clarté. Combien de fois se ietta-elle aux pieds de sa mere pour obtenir d'elle, comme vne recompence inestimable, ce que sa sœur tenoit pour vne cruauté & pour vn insupportable suplice? O pensées humaines! que vous estes contraires entre vous, & combien estes-vous differentes de celles de Dieu? Celles-cy sont des pensées de paix; & celles-là sont des pensées d'affliction, de tumulte & de desordre. Que ne croisez-vous les bras, ô Anastasie! comme fit Iacob sur les deux enfans de son fils Ioseph, & que ne destinez-vous Eugeuine conformément à son dessein Religieux? Et pourquoy voulez-vous contraindre Cleriane à porter vne Croix trop lourde pour ses espaules? Pourquoy la pressez-vous de courir à vn but où elle ne peut atteindre, n'y estant pas appellée? Certes, ceux que Dieu a esleus pour ce joug, ils les y apelle, ceux qu'il appelle, il les y destine, & ceux qu'il y destine trouuent ce joug suaue, & ce fardeau leger, qui sans cela est sans onction, & ne peut estre trainé qu'auec autant de peine que de regret: voyons neantmoins comme la prouidence sçait démesler l'embroüillement de ces fusées, tirer la lumiere du milieu des tenebres, faire cooperer tout en bien à ceux qui sont bons, & changer en profit la tribulation de ceux qui se refugient à son aide, & qui mettent leur asile en sa protection. Sans iuger temerairement, le dessein d'Anastasie estoit de hausser la dotte d'Eugenine de l'espargne qu'elle feroit en mettant ses deux sœurs, l'aisnée & la cadete en des Monasteres. Cette pratique est si commune dedans le monde, que l'ignorer c'est ne sçauoir ce qui s'y passe, & la dissimuler c'est vne espece de trahison. La pauureté est si generale dans le siecle, que nul ne peut estre riche que du bien d'autruy, ny faire son profit que par le dommage des autres, & si vous voulez d'vn mesme heritage donner d'égales portions aux enfans, comme la nature & la raison semblent le desirer, vous le rendez tous miserables. De là vient que pour en mettre quelques vns à leur aise, il

Cc iiij

semble que quelques autres doiuent estre sacrifiez, sinon à la disette, au moins à vne profession dont la pauureté soit honorable, & à l'abry de la necessité. Encore cela est supportable, pourueu que l'on ne violente point les volontez, & que sans suffoquer les vocations de l'esprit de Dieu, qui pousse quelques ames au desert, & à la solitude des Cloistres, on ne mette point en leur place des vocations suggerées par la chair & le sang: à qui le Seigneur dit, Ils couroient, & ie ne les appellois pas; ils alloient, & non par mon enuoy. Tandis que les deux sœurs, encore plus differentes d'inclination que de face, tirent la belle Eugenine du costé du Cloistre, la laide Cletiane du costé du monde; la belle cherchat les tenebres, encore que son visage Angelique eust pû, comme vn bel Astre rapporter à la nuict du Siecle vne nouuelle clarté, & la laide voulant paroistre à la lumiere du iour, & se monstrer, comme les singes, d'autant plus ridicule & digne de mespris qu'elle seroit plus regardée. La mere, dont les desseins côtrepoinctent leurs desirs, chasse l'vne vers le Cloistre (tombeau des personnes viuantes) comme vers son centre, & rappelle, contre son gré, la belle Eugenine denant les yeux des hommes, à qui elle auoit horreur de plaire, detestant cette beauté, que les autres de son sexe desirent auec tant d'ardeur, conseruent auec tant de soin, se forment auec tant d'artifice, & que sa sœur Clerinthe eust volontiers achetée de toute la flotte des Indes, si elle eust esté en sa puissance. Combien sont indifferentes les choses humaines, ou du moins, combien dépendantes de l'opinion, puis que ce qui est extremement souhaitté des vns est si passionnément rejetté des autres? Ce qui par le passé m'estoit en horreur, disoit le Miroir de patience, maintenāt me sert de viande delicieuse, encore ne puis-ie pas m'en rassasier à demy? Clerianese seruit de toutes les ruses dont elle se pût auiser pour éuiter le Cloistre, qu'elle regardoit comme vn sepulchre, plustost que comme vne prison, faisant le centre de sa misere ce que sa sœur eust tenu pour le comble de sa felicité. Tantost elle feignoit d'apprehender les austeritez; tantost elle se donnoit des infirmitez qu'elle ne ressentoit pas, tantost elle se disoit indigne d'vn si grand bon-heur (ainsi appelloient ses levres ce que sa pensée tenoit pour vn malheur, bouche trompeuse parlant en vn cœur, & en vn cœur.) En fin sa mere luy trouue vne Religion faite à sa mode, ie veux dire vne de ces maisons qui n'en ont que le nom & l'habit, nullement l'obseruance & les habitudes, sans closture, sans subjetion, disons plus, sans pieté, sans regle, vne pauureté sans communauté, vne chasteté sans retraicte, vne obeyssance sans soumission, vn voile à receuoir le vent de la vanité plustost qu'à cacher le visage, vn habit qui n'auoit que la couleur d'vn institut Religieux, nullement la matiere, bien peu de la forme, n'en disons pas dauantage, de peur que l'on ne prist la verité pour médisance, & vne iuste reprehension pour vn traict de malignité. Elle y entra donc auec des déplaisirs dans l'ame qu'elle cachoit sous vn visage composé en sorte que l'on n'y lisoit point de mécontentement. Mais elle y entra comme les Israëlites dans le Desert, en regrettant les oignons &

les chairs qu'elle laissoit dans l'Egypte du monde; & vous iugerez assez combien se rend indigne de la suitte & du Royaume de Dieu, celuy qui met la main à la charruë & qui regarde en arriere, & combien sont desagreables à Dieu les sacrifices qui luy sont presentez de mauuais courage. Comme elle y entra par respect humain, elle y prit l'habit de la mesme sorte, ayant trouué dans cette licentieuse & peu reguliere Compagnie des libertez dont elle ne jouyssoit pas dans la maison & sous les yeux de sa mere; & ie ne sçay quelle paix fourrée, de qui l'on pouuoit dire paix, paix, mais qui n'a point de paix; ou bien auecque le Psalmiste, vne paix remplie d'vne amertume tres-amere: car quelque liberté qu'elle eust, si n'auoit-elle pas celle qu'elle desiroit, & parmy toutes les compagnies qui frequentoient lédifferemment dans ce Monastere champestre où elle s'estoit mise, elle ne se pouuoit plaire, la pretension d'arriuer à vn lieu qu'elle souhaittoit luy estant interditte. Acheuons le cours de sa miserable histoire, puis que son obscurité nous doit seruir de fonds pour releuer l'éclat & le lustre de la fermeté de nostre Eugeuine. Elle fit profession dans cette troupe de filles de Baal, c'est à dire sans joug & sans obseruance : Mais à peine comme vn autre Sichem, estoit-elle encore dans les sentimens de sa mistique circoncision, qu'vn objet luy donnât dedans les yeux, glissa dedans son cœur cette secrette poison, que tant de personnes reprennent, & que si peu euitent : Vous entendez bien que ie veux parler de ce faux petit boutefeu, que l'on appelle Amour, dont la picqueure, comme celle de la

Dipsade, est imperceptible, mais mortellement venimeuse. Ce ne fut point au trauers des grilles que passa cet enfant aueugle, à qui la plus aueuglée antiquité attache des aisles & donne des flammes : Car cette, dirais-je, Religieuse ou irreligieuse Maison en ignoroit l'vsage. La trop libre conuersation des hommes parmy ces Vestales les exposoit aux muguetteries & aux tentations, qui ne faisoient pas de foibles impressions en ces esprits debiles. Et pour faire vn pas vn peu auant dans les particularitez de cette mauuaise accointance, cette circôstance est necessairement remarquable, que ce feu s'éprit dans le sein de Cleriane par la frequentation d'vn homme de ce mestier que l'on appelle de Pratique, personnage à qui la prudence du droict auoit appris les finesses & les subtilitez qui font maintenant dans le monde ce quatriéme fleau qui rauage tout sous le nom de procez. Vous pouuez penser s'il manqua d'industries pour surprendre la simplicité de cette Colombe seduite, & d'artifices pour colorer ses pretensions. Au commencement Cleriane redouta que cette familiarité ne la portast, comme vn Ardant, dedans les precipices des malheurs & des infamies, où se plongent tant de filles inconsiderées. Mais tout ainsi que les Demons qui apparoissent aux Sorciers, effrayent à leur abord ceux qui s'adonnent à leur commerce, mais peu en se familiarizant à eux leur ostent toute crainte ; Aussi les filles au commencement qu'elles entendent les cajoleries de ceux qui de loin tendent des pieges & des embusches à leur pudeur, ressentent certains fremissemens meslez de terreur & de

complaisance, qui les tiennent en suspens entre la crainte & l'Amour; que si elles aiment à craindre, certes elles craignent d'aimer; & selon que la crainte ou l'Amour l'emportent sur leur cœur, elles rejettent ou admettent ces muguetteries: mais si elles les accueillent, il est mal aisé qu'elles n'en reçoiuent des attaintes, dont par apres elles ont plus de peur de guerir, qu'elles n'en ont eu d'estre blessées. Car cette passion qui s'empare de leurs ames est vne maladie toute contraire aux autres, dont on desire d'estre deliuré: mais de celle-cy on fuit la guerison. Cleriane donc s'estant demesurément appriuoisée auecque Gordian, (nous appellerons ainsi celuy qui luy donna l'inuention de rompre, ou plustost trencher les nœuds de ces vœux, qu'elle auoit faits à contrecœur, & dont ses leures auoient
fait

fait vn sacrifice non volontaire) s'estant, dis-ie, familiarisée auecque ce Demon du midy qui tendoit des embusches à son talon ; cette hantise, comme vne épaisse fumée, hoircit dans peu de temps sa reputation : & comme la langue de plusieurs se precipite douant leurs pensées, peut-estre que la médisance passa bien loin au delà de l'effet, & qu'elle estoit plus criminelle en opinion qu'en verité. Ce n'est pas que ie vueille palier son imprudence, ny cercher des excuses à sa sottize : en quelque façon que ce soit, par feinte ou veritablement, que le mauuais exemple se répande, ie sçay que la diuine Parole a prononcé malediction & malheur à celuy par qui le scandale arriue, & prononcé cét Arrest redoutable, qu'il vaudroit mieux le ietter en l'eau vne pierre au col, que de souffrir vne telle peste sur la terre.

Dd

Cette priuauté de Cleriane & de Gordian causa plusieurs murmures, & la diffamation en passa iusques à sa Compagnie : Mais comme il n'y a point de Iuges plus indulgens que ceux qui se sentent coupables des crimes dont ils condamnent les autres: aussi la Superieure de Cleriane, qui n'estoit pas peut-estre plus innocente qu'elle, & dont le cœur frelaté de diuerses affections, auoit donné sujet de discours à beaucoup de langues, lâchoit la bride à cette fille, de peur d'ouyr en sa face cette reproche, *Medecin gueris-toy*. Et certes, vne Maistresse que sa conscience accuse de perfidie enuers son mary, n'a garde de reprendre sa seruante de ses sottises, principalement si elle est ou complice, ou témoin de ses desloyautez, & d'intelligence auec son galand. Tout crime a la peur pour compagnes,

& quoy qu'il puisse estre à l'abry de la punition, la crainte du supplice le poursuit par tout; c'est vn corps qui ne va iamais sans ombrage. Allez maintenant, ô parens! & pour vous décharger de vos filles & recharger vos familles de honte & d'oprobre, consacrez vos filles à Molor, non au vray Dieu, en des lieux libertins & déreglez, & souuenez-vous que vous boirez, par leurs sotizes, vne partie du calice du repentir qui les accompagne, & que ma-laisément de mauuais desseins ont-ils de bons euenemens. Certes, ie le dis hardiment, parce que véritablement, & d'vne verité fondée sur vne science experimentale, que vous feriez peut-estre vn moindre peché de les ietter dans l'eau, que de les exposer à tant d'illegitimes & dangereuses flammes. Ce sont-là ces personnes qui auront bien sujet de maudire auec execration dans les Enfers ceux qui les ont mises au monde, puisque dés cette vie, quoy que leurs langues se répandent en des complimens affectez & en de feintes benedictions de leurs parens, leurs cœurs trahissent leurs paroles pareilles à ceux dont le Psalmiste parle, Qui maudissent interieurement tandis que leurs bouches proferent des remercimens. Tandis que Cleriane & Gordian entretiennent leurs flammes du bois de plusieurs artifices, dont ils taschent d'éblouyr les yeux des moins clairs-voyans, sans considerer que ce feu n'est iamais sans fumée ny sans estincelles, & quelque soin que l'on apporte pour le couurir, qu'il se découure assez de soy-mesme, ceux qui s'en apperçoiuent en parlent diuersement, les vns blâmans, les autres excusans ce commerce sur la

La fille forte,

continuelle protestation que faisoit cette fille de n'estre entrée en ce Monastere que contre son gré, & de n'auoir esté portée à ce genre de vie que par les persuasions & les menaces de sa mere. Ce qui donna pour-estre occasion à Gordian de s'opiniastrer à cette poursuitte, estimant qu'il pouuoit joindre la raison à son amour, & rendre à la fin ses flammes legitimes, changeant son injuste accointance en vne iuste alliance; A ce dessein il donna conseil à Cleriane de faire de secrettes mais authentiques protestations de la nullité de ses vœux, & de renouueler ces actes de temps en temps, afin que la prescription ne peust les rendre valides. Mine qui creusée & preparée de la sorte, jouera en son temps, & produira son effet à la confusion d'Anastasie. Cependant nous prendrons le loisir de voir le petsonnage que jouë cette Fille forte, qui est le principal sujet de ce Diuertissement. Eugenine à beau importuner sa mere de luy faire la mesme grace qu'elle auoit faicte à sa sœur, elle n'auoit point d'oreilles pour cette priere; au contraire, iettant l'esperance de sa fortune sur la beauté de cette fille, qui n'estoit pas des mediocres, elle employoit autant d'artifices pour la retenir dans le Siecle, qu'elle en auoit mis en œuure pour en chasser Cleriane. Plusieurs moûcherons voltigerent autour des flambeaux de ces yeux, & y brusserent les aisles de leurs desirs, rendus esclaues de ce beau visage, qui estoit vn doux escueil pour les libertez. Il estoit mal-aisé de le considerer auecque des regards curieux, & de conseruer sa franchise: peu d'Aigles pouuoient, sans cligner les paupieres, contempler fixement cet astre, à sa veuë l'alarme s'emparoit du cœur. Plusieurs partis assez esleuez se presentoient à cette fille, qui n'en vouloit aucun ; ses dédains rebutoient les plus passionnez, & ses froideurs geloient toutes les esperances. Mais comme la perfection de l'Amour consiste en l'excez, aussi l'opiniastreté y tient lieu de constance. Entre tous ceux qui en furent picquez, nul ne se monstra si ferme qu'Artemon ; c'estoit vn homme fort riche, pourueu d'vn office fort honorable, & qui iusqu'à la fin de son neufiéme lustre auoit, sinon, conserué sa franchise contre les pieges de cette passion qui fait aymer, au moins deffendu sa liberté contre les liens du mariage, qu'il auoit tousiours euité comme vn joug qu'il ne pouuoit supporter. Cependant les graces & exterieures & interieures, qui reluisoient avecque vn grand éclat sur le visage d'Eugenine, luy firent perdre en vn instant toutes ses anciennes resolutions : & comme vn coup de foudre reduit en vn moment en cendre vn vieux chesne, de mesme toutes les habitudes qu'il auoit prises dans la liberté, se trouuerent engagées volontairement en des chaisnes qui luy semblerent d'or & de soye ; & il entra de son gré dedans vne prison qui luy sembla plus belle que les plus superbes Palais qu'il eust iamais veus. Estrange effet de ce feu secret qui s'empare des cœurs, & qui renuerse tellement les imaginations & les pensées ! Quel doux ennemy c'est que l'Amour, puis que ses coups sont fauorables, ses playes desirées, ses prisons aimées, ses fers dorez, sa seruitude preferée au plus grand bien de la vie, qui est la liberté. Artemon, maistre de soy &

de son bien, sans pere & sans mere qui controllassent ses desirs & ses actions, écarta aussi-tost par la manifestation de ses pretensions plusieurs enfans de famille, qui pipez de cette agreable tyrannie, que l'on appelle beauté, aspiroient, mais sans l'adueu de ceux dont dépendoient leurs volontez, à la possession d'Eugenine. Sa modestie, qui estoit comme la gouuernante generale de ses vertus, faisoit bien cognoistre aux plus intemperans qu'on ne pouuoit auoir d'accez à ce Temple d'honneur que par la porte d'hymen, encore les euidentes marques de sa deuotion & de son religieux dessein môstroient-elles beaucoup de difficultez en cette entreprise. Quoy qu'Artemon haïst naturellement le mariage, & qu'il eust esteint beaucoup de precedentes affections par l'auersion qu'il auoit de cette attache si forte, qu'elle ne peut estre rompuë que par la main de la mort, si est-ce que iugeant à la seule veuë & à l'abort de cette Fille forte, qu'il n'y auoit point de moyen d'entrer chez elle que par la porte de l'Eglise, ny de la posseder que par des nopces legitimes, il s'y determina soudain, le vif éclat de sa vertu ayant eu cet empire sur sa volonté de la changer tout à coup, comme l'on void vne masse de plomb fondre en vn instant, & vn diamant martelé de plusieurs coups, par vn seul se reduire tout en poudre. Il marche donc à camp ouuert, & sans beaucoup de ceremonie luy-mesme se fait son entremetteur, & sur l'opinion qu'il auoit que les clefs de la volonté d'vne fille bien née sont entre les mains de sa mere, il s'adresse à Anastasie, luy fait ouuerture de sa pensée, luy estale ses qualitez & ses moyens, dont le lustre donna tellement dans les yeux de cette bonne femme, qui desiroit il y auoit long temps auecque beaucoup de passion vn grand & aduantageux parti à sa fille, qu'à peine croyoit-elle ce qu'elle oyoit, encore que la creance soit fille de l'ouye. Estant assez mal dressée aux complimens, il ne se faut pas estonner s'ils ne se trouuerent point en sa bouche; quand elle en eust esté toute pleine ils y eussent tari, ou n'en eussent peu sortir, non plus que la liqueur d'vn vase qui est tout plein, & dont l'embouchure est estroitte: car à dire la verité, il en est des grandes ioyes comme des excessiues douleurs, elles ne s'expriment que par le saisissement & non par la parole. Cela estonne Artemon, qui apprehende que ce silence ne cache vn refus, il craint d'estre venu trop tard,

& que preuenu par quelqu'vn de ses riuaux en cette demande, la mere n'ait engagé sa parole à quelqu'autre. Cela le reduit en d'estrangeres alteres. Mais il se sentit bien tost allegé de ce pesant fardeau qui tenoit son esprit en suspens, quád par l'égayement du discours d'Anastasie, il recognut que l'excez de l'obligation, dont il la combloit, en luy demandant sa fille pour espouse, l'auoit reduite aux termes où il la voyoit. Cette bonne femme ne sçachant où prédre des remercimens dignes de la proposition qu'il luy auoit faite, & de l'honneur qu'il luy faisoit de daigner prendre alliance en sa maison, parla de cette sorte. Ne vous semble-t'il pas que c'est promettre d'vne façon la plus solemnelle que l'on puisse imaginer. Voila Artemon au dessus des nuées, & qui met sa teste parmy les Estoilles, n'y ayant rien qui esleue tant le cœur d'vn Amant, que l'esperance de posseder ce qu'il desire. Mais il compte sans son hoste, & vn mécompte sera la fin de son attente. Il n'y a point de remede, il faut que ce mot m'échappe pour la iustification des enfans contre les injustes violences des peres & des meres. Ie ne sçay pourquoy les loix publiques qui ont declaré nuls les mariages des mineurs quád ils sont contractez sans le consentement de leurs parens, n'ont aussi pourueu à garantir les enfans de la contrainte de ceux qui se disent maistres de leurs volontez. Car s'il est deffendu à ceux-là de se marier outre la volonté de ceux qui les ont mis au monde, quelle loy permet aux parens de marier leurs enfans sans le consentement de ces enfans mesmes que l'on marie ? Cela n'est-il pas bien estrange ! qu'en celle de toutes les conuentions humaines, qui doit estre la plus libre, sçauoir est le mariage, ceux qui le contractent se lient par les yeux & les opinions d'autruy, veu que le seul nœud qui compose ce sacré lien, c'est la reciproque volonté & le mutuel consentement des parties? Par auanture que les peres & les meres se remarient entr'eux en la personne de leurs enfans; qui ne voit l'impertinence? Par auanture que les espoux ne se marient pas pour eux-mesmes, quelle ineptie? Que si les parens prennent à vn si haut poinct d'honneur le mariage de leurs enfans fait outre leur gré, que de ce degré de desobeyssance on en fait vne cause legitime de des-heriter; que la Iustice authorise; Où est-ce que nous logerons la violence, ou plustost la tyrannie de ceux qui opressent la franchise que Dieu seul a donnée à leurs enfans, en les contraignant contre leur sentiment & leur choix, de s'attacher pour toute leur vie d'vn lien qui ne se peut rompre à des personnes dont elles ont quelquefois non des simples auersions, mais d'extremes horreurs? N'est-ce pas attacher, comme l'ancien Tyran Mezentius, des corps morts à des viuans? renuerser l'ordre & la nature de ce Sacrement, qui est appellé grand & honorable? precipiter des enfans dans la damnation & dans vn enfer anticipé, & violer tout ce qu'il y a de plus sainct en la terre? Mais allons plus haut, & releuons aigrement le sacrilege & l'impieté de ceux qui arrachás leur enfans du pied des Autels, où ils se veulent consacrer à l'Espoux immortel, les contraignent, comme des Aiglons bastards, de raualer leurs prunelles vers la terre, & de quitter

les nopces spirituelles, plus pures que les rayons du Soleil, pour embrasser les charnelles, qui ne sont que de sang & de matiere. O Dieu! & vostre zele ne s'embrase point comme vn feu contre ces impies? & pour qui reseruez-vous vos tonnerres, & l'esprit d'orage & de tempeste? voulez-vous, pour conseruer le titre de trop Misericordieux, laisser en arriere ceux de jaloux & de Iuste? Leuez-vous, Seigneur, & iugez vostre cause, car il s'agit icy de vostre interest, & d'vne ame en qui vous auez mis vos delices, vos amours & vostre Trosne, vne ame que vous aimés parce qu'elle vous aime, vne fille qui aime mieux mourir que de viure entre d'autres bras que les vostres. Ie parle ainsi sur le sujet de nostre Eugenine, que sa mere, sans consulter sa volonté, engage mal à propos en des liens qu'elle rompra
aussi

aussi facilement que fit Samson les premiers dont il fut garroté par les Philistins. Tandis qu'Artemon triomphe deuant la victoire, & que donnant l'écart à ses competiteurs, il croit seul remporter les dépoüilles de cette toison d'or, celle pour qui ses yeux ignorent le repos, a bien d'autres pensées, car sans le sçeu de sa mere, elle auoit si bien mené ses pratiques en vn Monastere fort reformé, qu'on luy auoit promis de l'y receuoir pour vne dotte beaucoup moindre que ce qui luy estoit tout acquis de l'heritage de son pere. Ce qui luy donna le courage de répondre fortement à à sa mere, quand elle l'aduertit de la parole qu'elle auoit donnée pour elle à Artemon, qu'elle n'accompliroit iamais cette promesse, estant preuenuë d'vn autre Amant, deuant qui tous ceux du Siecle n'auoient non

E e

plus de lustre que les Estoilles deuant le Soleil. Anastasie qui pensoit qu'elle deust accueillir cette nouuelle de toute autre façon, & faire estat des grands auantages qui luy estoient proposez en l'alliance de cet Officier, se trouua bien estonnée, rencontrant vne telle resistance dans l'esprit de sa fille, qu'elle appelloit vne sotte, vne ignorante, & ennemie de son propre bien. Neantmoins pour ne l'irriter à l'abord & ne la cabrer, elle imita le Soleil qui apres des rayons fort picquans fait venir la pluye pour en moderer l'ardeur : A ces paroles aigres elle en fit succeder de douces & amiables, & faisant couler de ses yeux des larmes (que les femmes ont tousiours en reserue pour les debiter quand il leur plaist) elle tascha de persuader par ce langage, non moins disert que coulant, ce que ses discours poignans

La fille forte.

n'auoient pû insinuer en l'ame de cette fille, qui redouta plus ces attraits que les menaces ou les injures precedentes, semblable aux Aigles & aux Dauphins, que l'on tient se plaire dauantage dans les tempestes que dans les bonaces de l'air & de la mer. Et, à dire la verité, comme les soufflets de l'amy qui nous corrige auecque misericorde sont plus chers aux bien auisez, que les baisers du flateur qui verse sur la teste l'huille des mignardises, qui louë les fautes, & applaudit aux iniquitez, estouffant la vertu par ses embrassemens, comme le singe ses petits. Aussi les ames fortes & courageuses se rendent beaucoup moins aux outrages & aux violences, qu'aux cajoleries, encore qu'à vn esprit ferme les vnes & les autres soiét des vents & des vagues contre vn rocher. Ie passerois les bornes de la briéueté que

Ee ij

je me prescrits en ce Diuertissement, si ie voulois m'estendre sur les diuers moyens qu'employeront Anastasie & Artemon pour fléchir la resolution de cette forte Fille & la plier à leurs volontez. Apres qu'elle eut imité la prudence de l'aspic qui boûche son oreille pour ne se laisser surprendre au chant qui le veut endormir & piper, elle releua sa generosité pour souffrir auec allegresse pour vne si belle cause les mauuais traittemens qu'on luy preparoit. Les injures, les battures, les prisons, furent les liens d'Adam & de rigueur, dont Anastasie se seruit contre elle, voyant que ceux d'humanité & de douceur ne succedoient pas selon son desir. Artemon d'autre costé mettoit en jeu des artifices contraires, & tâchant de gaigner le cœur dont il desiroit posseder le corps, afin que sa conqueste ne fust point à moitié, & pluſtoſt ethique & languiſſante qu'agreable, il n'y auoit ſorte de ſoumiſſion & de ſeruice qu'il ne pratiquaſt pour ſe faire aimer de celle qu'il adoroit par vne eſpece d'idolatrie. Mais en quelque façon qu'il ſe transformaſt, il n'en pouuoit trouuer aucune qui le rendiſt aimable à celle dont l'amour de Ieſus-Chriſt auoit ſeellé & caché le cœur, mais de telle ſorte qu'il n'eſtoit plus ſuſceptible d'aucune autre impreſſion. Ceux qui font de ſemblables recherches n'ignorent pas les inuentions dont ſe ſeruent les Amans pour acquerir les bonnes graces de celles qu'ils appellent Maiſtreſſes, iuſques à ce que le joug d'Hymen les ait renduës leurs compagnes, ou pluſtoſt leurs ſujettes. Artemon n'en oublia aucune, les viſites, les paremens, les cajoleries, les complimens, les muſiques, les aſſemblées, les galanteries, les presens, mais tout cela n'estoit recognu par Eugeuine que par des froideurs & des mépris. Elle éuitoit sa rencontre comme vn escueil, ne luy monstroit iamais vn œil riant ny vn visage serain, ne luy répondoit point gracieusement à peine le regardoit-elle, tant elle craignoit que son œil dérobast son ame: & quoy qu'Artemon la regardast touſiours comme l'Ayman le Nort, elle ne luy rendoit point de reciproques œillades, de peur que du choc & de la rencontre de ces regards il ne sortist quelque estincelle qui sautast dans sa poictrine, & y excitast ou pour passion, ou par passion, vn embrasement pareil à celuy qui deuoroit le cœur d'Artemon. Combien de fois essaya-t'elle par ses discours de le détourner d'vne si opiniastre poursuitte, & d'vne pretension où il ne pourroit

La fille forte.

rien auancer? Combien de fois, faisant succeder ses pleurs à ses propos, tâcha-t'elle auecque cette eau d'esteindre ce grand brasier que son innocente beauté auoit excité dans l'estomach de cet homme, qui n'exhaloit par sa bouche que des conjurations, des protestations & des soûpirs de flame? Combien de fois luy representa-t'elle que s'estant consacrée à Dieu, elle ne pouuoit sans perfidie se donner à luy, ny luy pretendre à elle sans sacrilege? Mais comme il estoit aueugle en sa passion, estoit sourd à ce discours, & le méprisant comme vne feinte deffaite, il ne s'auisoit pas qu'il crachoit contre le Ciel, & qu'il ne pouuoit tirer que de la honte ou du dommage d'vne si temeraire entreprise; Tant il est difficile d'accorder le iugement auec le transport, en vn mot, d'aimer & d'estre sage. Si elle fuyoit son abord, quand elle estoit contrainte par la necessité ou la bienseance d'ouyr ses propos, qui n'estoient plus que de cõtinuelles plaintes de la rigueur & de la cruauté d'Eugenine, & des peintures du tourment qu'il souffroit pour elle, & qu'il appelloit du nom de martyre, où elle se mocquoit de bonne grace de ses extrauagances, ou passant à d'autres discours, elle luy témoignoit combien ceux qui parloient d'vne passion qu'elle haïssoit sonnoient mal à ses oreilles. Les traits de sa langue estans si mal receus, il voulut s'escrimer de ceux de la plume; mais elle ne voulut iamais receuoir dans ses mains aucun de ses oiseaux domestiques, dont plusieurs se seruent comme de chanterelles pour attirer dans leurs filets les filles inconsiderées. Car il faut auoüer que celles qui se donnent la liberté de

La fille forte. 441

receuoir de ces escrits empoisonnez, & de passer leurs yeux sur ces caracteres charmans qui expriment des passions affectueuses, ressemblent à ces Troyens, qui admirent en leurs murailles vn present fait à Pallas, qui fut la funeste cause du saccagement de leur ville ; Fuyez, filles, fuyez ces fueilles d'Asphalte, qui ont vn serpent caché sous leur belle apparence, & souuenez-vous qu'il y a des feux d'artifice enueloppez dans ces papiers capables de noircir la belle blancheur de cette glorieuse reputation, qui vous rend honorées & plus considerables que vous ne l'estes par vos beautez, & qui à la fin peuuent reduire en cendre toute vostre renomée. Quand aux presens, qui sont autant de chaisnes dont les Amans taschent de garroter les personnes aimées, & qui semblent en quelque façon pouuoir estre iustement receus de ceux qui ne pretendent qu'au legitime lien du mariage; noftre Eugenine (quelque commandement que fa mere luy en fift) ne voulut iamais en receuoir aucun, pour petit qu'il fuft, de la main d'Artemon, tant elle craignoit de flatter la paffion de cet Amant, & de luy donner aucune prife fur la fienne. Et à dire la verité, les prefens ont de certains charmes qui furprennent la raifon par les fens, & quiconque en reçoit, de libre deuient infenfiblement efclaue. C'eft pourquoy les loix deffendent fi feuerement aux Iuges d'auoir des mains, fçachans que les dons corrompent le iugement, & furprennent les confciences plus religieufes. Que fi leur reception eft fi prejudiciable à l'adminiftration de la Iuftice, combien l'eft-elle dauantage à l'honnefteté, n'y ayant point de metail qui la détruisent plustost que celuy qui trauersa la tour de la fille d'Acrise, & à qui le pere du grand Alexandre disoit, Que nulle forteresse n'estoit imprenable ny impenetrable? On dit qu'il y a deux sortes d'Aimans, non moins differens en proprieté qu'en couleur; & comme le noir attire le fer, le blanc le rejette. Ie croy qu'il en est de mesme des cœurs, ceux qui cherissent l'exquise & precieuse blancheur de l'honnesteté rejettent les presens, qui sont & souhaitez & attirez par ceux dont la noirceur marque les inclinations deshonnestes. Eugeuine, non moins jalouse de la pureté de son cœur que de celle de son corps, & non moins curieuse de conseruer son integrité que sa reputation, comme se destinant à vn Espoux diuin à qui rien ne peut estre caché, & à qui l'estre & le parestre sont vne mesme chose, ne voulant admettre rien en son ame qui peust allumer la jalousie du diuin Amant de son cœur, ny admettre en son ame chose quelconque qui peust alterer sa saincte & vnique affection, desireuse de se consacrer entiere de corps & d'esprit à l'Hymen sacré où elle se sentoit appellée, estima toutes les poursuittes d'Artemon (quelques hónestes qu'elles fussent) pour prophanes, pouuant dire auec le grand Apostre, qu'elle tenoit toutes les chose humaines pour du fumier, afin de gaigner vn seul Iesus-Christ. Ces grands obstacles & apparemment inuincibles qu'elle apportoit à sa poursuitte, iettoient en l'ame de ce personnage de grāds troubles : & si l'espoir est la cire du flambeau de l'amour, sans doute sa flamme se fust esteinte par le desespoir, ou bien par le dépit de se voir si mal ac-

La fille forte.

cueilli, & ses affections si peu reconnuës, s'il n'eust repris vigueur par cette commune creance de la naturelle foiblesse du sexe, non moins changeant que l'Astre de la nuict, à qui il est sujet en diuerses manieres. Esperant donc sans beaucoup d'apparence, que ce cœur determiné à l'amour diuine, & obstiné contre l'humaine, changeast de registre & rabatist ses prunelles du Ciel en terre, il pressoit sans cesse Anastasie de luy faire voir l'effet de ses promesses en disposant l'esprit de sa fille à luy vouloir du bien. Anastasie, qui estoit d'vne humeur aspre & imperieuse, se laissa aussi-tost des moyens doux & gracieux, sans se souuenir que l'eau caue la pierre, non par la force, mais par la suitte du temps. La voila aux injures & aux menaces, des paroles aux effets, ie veux dire aux outrages & aux violences, mais le courage de noſtre Fille forte reſſembloit à ces grands arbres à qui les vents plus tempeſtueux donnent de la fermeté, & font ietter en terre de plus profondes racines. Certes, comme les Nautonniers ne regardent point plus ſoigneuſement ny attentiuement le Ciel que durant les orages, auſſi les tourmentes de cette faſcheuſe mere faiſoient attacher les yeux de cette fille agitée plus fixement vers celuy qui habite dans les Cieux. Elle eſleuoit à tous momens ſes regards vers les montagnes celeſtes, d'où elle attendoit tout ſon ſecours. Inſtruite par les diuins Oracles, que celuy qui demeure dedans l'aide du Tres-haut, & qui met ſon azile en ſa protection, ſera deliuré des pieges de ceux qui le pourſuiuent, & de toute faſcheuſe parole : qu'il ne redoutera point les bourraſques eſtant ſous l'ombre des aisles de Dieu, dont il sera couuert comme d'vn bouclier impenetrable à tous les traits du mal-heur; si est-ce que quelquefois le diuin Sauueur pour éprouuer la fidelité des siens, comme l'or à la coupelle, permet qu'ils soient tentez, quoy que tousiours au deçà de leurs forces, leur prestant son aide en leurs tribulations, & comme il fit à ses Apostres, estant auec eux dans la nauire, il semble qu'il dorme durant l'orage, pour voir quelle est, ou la confiáce que l'on a en luy, & quel recours on aura à sa misericorde. Tel fut son procedé enuers Eugeuine, car connoissant la vigueur de son esprit, il la voulut exposer à la tentation, pour luy faire tirer profit de ses souffrances, & faire éclater la gloire de la diuine puissáce sur l'infirmité d'vn sexe fragile. Anastasie donc, peut-estre persuadée à cela par Artemon, peut-

estre par son mouuemét propre, aprés auoir employé en vain toutes les machines de la ruze & de la force, de la douceur & de la rigueur, s'aduisa de faire comme ces mauuais Iuges, que preoccupez d'vne fausse opinion, cómencent le procez par la condamnation de la partie à qui ils en veulent, & puis ils font des instructions & des formalitez pour soustenir leur Sentence & la colorer de quelque fueille ou apparence d'equité. Car s'imaginant que comme il y a des conuentions, telles qu'est le mariage, qui ont le commencement volontaire & la suitte necessaire, il y en auoit aussi d'autres où la volonté succedoit à ce qui auoit esté contraint en son principe, & qu'en suiuant cette maxime il falloit pousser & presser Eugenine comme l'on fait le poisson, d'entrer dans la nasse du mariage, esperant que
la

la splédeur de la fortune d'Artemon, son bon traitement, & les caresses de son ardente amour, fondroient ce cœur de glace, gagneroient ses bonnes graces, & luy feroient cognoistre que sur la mer du monde, aussi bien que sur l'Ocean, souuent les tempestes nous poussent au port, & nous iettent en des terres fortunées. Elle commença donc à tourmenter de telle sorte cette pauure fille, qui n'estoit pas de pierre, ny de quelque autre matiere qui fust insensible, que comme la sape mine & fait sauter à la fin les plus durs rochers; elle commença à s'ébranler, & comme à se dementir de cette constante resolution qu'elle auoit tousiours témoignée. Certes quelque grandeur de courage que l'on remarque en l'homme, c'est peu de chose si Dieu ne le tient par la main. Sauuez-nous, Seigneur, nous perissons, disoient les Apostres, effrayez deuant la tempeste. I'endure violence, ô Dieu ! répondez pour moy, disoit le Psalmiste. Et encore, O Seigneur, aussi-tost que vous auez destourné vos yeux de dessus ma garde, i'ay esté troublé. Mais si vous estes auecque moy ie ne craindray ny les armées entieres, ny les milliers d'hommes oppofez à mes desseins, mesme ie pourray demeurer sans peur au milieu des ombres de la mort. Venez voir en cet exemple d'Eugenine comme Dieu épreuue l'or de sa vertu en la fournaise, & de quelle façon il sçait mortifier, & puis viuifier, plonger dans les enfers, & puis en retirer. Anastasie ayant par ses diuerses menées, tantost aspres, tantost suaues, gaigné quelque ascendant sur son courage, Artemon qui estoit aux escoutes, fut d'aduis de battre le fer tandis qu'il paroissoit embrasé. Et ayant par argent gaigné ie ne sçay quel miserable Ecclesiastique, sans aucune publication de bans, sans garder aucune autre formalité de celles qui sont requises en la solemnité d'vn mariage fait honorablement & auec vne liberté entiere, vn soir estât entré dans le logis d'Anastasie, du consentement de cette mere, qui desiroit son alliance auec vne ardeur extreme, sans autres témoins que les domestiques de cette femme & deux des siens, ils pressent, conjurent, prient, cajolent, flattent, & puis menacent, frappent, trauaillent & tourmentent de telle sorte cette chétiue creature, qu'ils oppressent sa franchise; & pour se deliurer de tant de peines, elle preste des levres, non du cœur, mais apres plusieurs disputes & refus, vne espece de consentement, plustost ap-

F f ij

parent que veritable. Ce pauure poisson n'eut pas pluſtoſt aualé l'ameçon caché ſous l'appas de mille belles promeſſes, qu'auſſi-toſt il ſentit déchirer ſes entrailles de mille repentirs : & cette fille au lieu de ſe rendre aux volontez d'Artemon, qui chantant le triomphe deuant la victoire, penſoit eſtre deuenu de ſeruiteur mari, luy fit des reſiſtances ſi fortes, qu'il ne pût iamais obtenir d'elle que par force vn baiſer, faueur que les Dames de noſtre natió ne refuſent aucune ſalutation, & dont le refus eſt pris pour vn affront inſupportable. La pudeur ne me permet pas de deduire les artifices & les violences que la mere & le marié employerent pour reduire cette fille à rédre à Artemon des deuoirs de femme. Peut-eſtre ce fut par inſpiration du celeſte Eſpoux qui cóſeruoit ainſi ſon Eſpouſe parmy tant de dágereux

La fille forte.

destours, qu'Artemon ne voulut iamais suiure le conseil d'Anastasie, qui taschoit de luy persuader de lier cette innocente victime, & de la sacrifier à ses plaisirs, cueillant ainsi par violence cette fleur, qui ne peut perir qu'vne fois, & que Dieu mesme, tout puissant qu'il est, ne peut reparer, si nous en croyons S. Hierosme. Cet homme conceut ie ne sçay quelle secrette horreur de posseder vn corps dont l'esprit seroit éloigné de luy, blasmát ce plaisir brutal, qui ne touche que le sens, sans auoir aucune part aux mouuemens & inclinations de l'ame. A raison dequoy, non content de ce demy & forcé consentement (qui à proprement parler ne l'estoit pas, si, selon la maxime des Legistes, la volonté contrainte n'est pas volonté) qu'Eugeuine auoit presté à l'importunité de ses prieres & aux violences d'Anastasie, taschoit par tous moyens d'obtenir d'elle par amour, ce qui en est tenu pour la derniere faueur. Mais c'estoit parler à vne sourde que de tenter cela par des persuasions; elle ne répondoit à ses complimens que par des injures : & comme l'huille embrase le feu, ses douces paroles augmentoiét l'ardeur de la colere de cette fille irritée. Pourquoy donneray-ie dauantage sur vn pas si glissant, & sur vn sujet dont l'imagination peut estre blessée ? Dix iours entiers se passerent dans cette obsession sans possession, les Zephirs & les Automs, ie veux dire la douceur & les menaces, perdans leur effet sur ce courage, non moins esleué qu'indomptable. Ce fut durant ce temps qu'Artemon tenta toutes sortes d'efforts pour contenter son desir, & arracher de cette fille ce lys qu'elle conseruoit à Dieu seul. N'ayant appellé personne à son secours en vne action qui fuit les témoins, & qui ne laisse pas d'estre honteuse, quoy qu'elle fust legitime, ce ne fut pas sans vne espece de miracle qu'vne fille de quinze ans peut resister si long-temps aux forces de cet homme, qui a confessé depuis qu'elle luy sembloit quelquefois aussi peu mobile qu'vn pilier. C'est ce que l'histoire qui nous propose les actions des Saincts, nous apprend estre arriué à plusieurs Vierges & Martyres, qui deffenduës par les Anges, ou reuestuës & garanties de la vertu d'enhaut, ne peurent iamais estre violées en des lieux infames où l'on auoit prostitué leur integrité. Mais enfin vaincu de ses propres desirs, & aussi des persuasions d'Anastasie qui y estoient conformes, il auoit resolu de lier Eugeuine, & en cet estat d'en faire à sa volonté. A quoy pensez-vous, Artemon ? ignorez-vous les jalousies de Dieu? & que celuy qui forme le tonnerre ne le lascha iamais plus iustement que sur de semblables attentats ? Ignorez-vous les protestations que cette fille fait si hautemét sonner à vos oreilles qu'elle s'est donnée & voüée à Dieu, & qu'elle est vn vaisseau consacré à sa gloire? La main qui menaça Baltazar pour auoir prophané les Vases sacrez n'ecrit-elle pas vostre condamnation en gros caracteres ? Quelle taye vous sile les yeux, pour n'apperceuoir pas la punition qui pend sur vostre teste ? Estimez-vous vous faire aimer par vn plaisir que cette fille deteste comme la mort, & que son chaste corps pollué par vostre iniuste attentat ne demande pas au Ciel vne continuelle vengeance de vostre crime? Quelque voile de mariage dont vous couuriez voſtre impure flamme, il vous eſt impoſſible d'en faire croire à Dieu, qui ſonde vos reins, qui cognoiſt vos penſées de loin, & qui voit à clair le fonds de voſtre conſcience. La nuict funeſte deſtinée à ce violement s'auançoit à grands pas, & commençoit à couurir de ſes ombres la face de la terre, le Soleil ſe couchant s'alloit cacher ſous les eaux pour n'éclairer point vn acte ſi infame, quand Dieu, qui aide opportunement dans les tribulations, fit apperçeuoir Eugenine des liens qu'on luy preparoit, iugeant bien du tonnerre par les éclairs, & de la foudre par le tonnerre. Reſoluë donc de deuácer cette execution, ou par ſa mort, ou par ſa fuitte, tandis qu'elle medite de deſcendre par vne feneſtre aſſez haute auec vn linceul à faute d'autre cordage, vne ſeruante touchée de pitié de la voir tant tourmentée(fans doute par le mouuement de celuy qui a tous les cœurs en fa main)luy offrit vn expedient plus aifé pour fe fauuer d'vn fi éuident & preffant naufrage. Couurez-vous de mes habits, luy dit-elle, & ie me reueftiray des voftres, & ainfi déguifée retirez-vous chez quelqu'vn de vos parens qui vous puiffe appuyer contre les affauts de ceux qui vous trauaillent. Le fecours n'arriue point plus à propos à celuy qui fe noye que cet aduis à Eugeuine ; elle le prend fans beaucoup confulter, habillée en feruante elle gaigne la porte, & s'enfuit chez vne de fes parentes, tandis que la fidelle feruante demeure en fa chambre attendant des injures & des battures indubitables auffi-toft que fa pieufe fraude feroit découuerte. Ce qui ne luy manqua pas, mais eftant preparée à ces fleaux, il luy auint, felon l'ancien Prouerbe, que les traits preueuz la fraperent plus legerement, les outrages luy furent des fleurs, & quelques foufflets furent le payemét de fa bonne tromperie & la décharge de la colere d'Artemon & d'Anaftafie. Quitte à fi bon compte & meilleur marché qu'elle ne penfoit elle loüa Dieu, qui n'auoit pas permis qu'elle fuft lapidée pour vne œuure loüable: & ainfi le couroux de l'Amant & de la mere furent femblables à celuy de la mer; qui apres beaucoup de tempeftes ne laiffe que de l'écume en fes riuages. Allons vers Eugéuine, qui s'eftant iettée entre les bras d'vne de fes parentes, fidelle feruante de Dieu, comme dans vne cité de refuge, y trouua par la permiffion de Dieu vn azile tresaffeuré, vn toit contre la pluye, & vn ombrage contre la chaleur; Car cette femme ayant appris les violences que l'on auoit faites à cette pauure fugitiue, en conçeut vne telle horreur, & s'arma d'vn tel zele, qu'elle resolut d'employer tout son credit & tout son bien pour la proteger & pour luy faire rendre iustice. Et d'effet, sans m'amuser icy à raconter des procedures & des formalitez, le Iuge Ecclesiastique ayant pris cognoissance de ce pretendu mariage, & sçeu de quelle sorte il s'estoit passé, le declara nul & abusif; & le Iuge seculier se voulant mesler dans cette affaire, & punir l'insolence d'Artemon, le mauuais conseil d'Anastasie, vn des parens d'Eugeuine fut ordonné son tuteur, & elle demeura entre les mains de sa parente, auec plaine liberté de choisir telle condition, de celibat ou de mariage qu'elle voudroit prendre pour sa part. Cette election fut bien-tost faite, car elle estoit determinée de longue main à estre Religieuse. Le lieu mesme où elle auoit choisi son repos & sa demeure, pour y viure en iustice & en saincteté au seruice de Dieu tous les iours de sa vie, estoit tout resolu à la receuoir, d'autant plus volontiers qu'elle auoit donné les plus fortes preuues de courage qu'vne fille puisse rendre. Quelques oppositions & quelques fremissemens de rage que fist Anastasie, elle y fut conduite & receuë pour vne dotte legere, & qui ne faisoit qu'vne partie de l'heritage qui luy appartenoit de la succession de son pere ; en quoy elle traittoit fauorablement ses coheritiers : & Artemon en partie saisi de la crainte d'estre chastié de sa violence si la Iustice sondoit dauantage l'affaire, en partie esmeu par le conseil de personnes pieuses & de conscience, mit de l'eau dans son vin, & sur son feu, & retirant les pretensions, qui ne pouuoient estre que sacrileges de ce vaisseau d'elite, consacré aux vsages du Roy des Siecles, immortel & inuisible, se retira de cette dangereuse poursuitte, & laissa à Eugenine posseder son ame & son corps en patience. Combien le port de la Religion luy paroist heureux & tranquille, apres vne si fiere tourmente qui l'auoit amenée si prés de son naufrage? C'est ce qu'il faut oster au discours, & renuoyer au sentiment de son experience. Certes on luy peut dire cela mesme que le grand Apostre dit à la Vierge, qui se veut donner à Dieu, qu'elle sera bien-heureuse si elle demeure ainsi. Mais combien malheureuse sera la condition de sa soeur Cleriane, qui de la terre ferme se veut ietter dans les tourbillons de la mer du monde? Iugez-le par ce contraire debat: car on m'a asseuré qu'au mesme temps que la Fille forte a combattu vn bon combat, gardé sa fidelité à Dieu, & vaincu tous les efforts de la chair & du monde, en courant à la Couronne qui luy est proposée, Cleriane tâche par les subtilitez du chicaneur Gordian, qui voile sa poursuitte du manteau de la Iustice de sortir de son Cloistre, faisant declarer sa profession nulle, & ses voeux de nulle obligation. O Seigneur! tous ceux qui vous abandonnent seront delaissez aux desirs de leur cœur, & à la suitte vagabonde de leurs vaines fantaisies ? Ceux qui s'écartent de vos voyes, trouueront leurs noms écrits en la terre, mais effacez au Ciel, parce qu'ils vous ont quitté, vous qui estes la veine des eaux de la veritable vie ? Certes si Cleriane vient à bout de son dessein & de sa honteuse poursuitte, elle fera deux maux à la fois, & d'vne mesme pierre deux mauuais coups : car elle quittera la source de l'eau viue pour se bastir vne cisterne cassée, qui ne peut garder des eaux, & lors qu'elle sera arriuée en la haute mer des tribulatiõs de la chair & du monde (si l'on permet à sa nauire de leuer l'ancre qui l'arreste, & de sortir du port) elle aura beau crier que la tempeste l'engloutit, beau leuer les yeux vers le Ciel, dont elle aura perdu la tramontane, Dieu manquera de secours à qui luy manque de foy, & quand la mort viendra sur eux, & quand ils descendront en vn enfer d'afflictions dés cette vie, le Tout-puissant se moquera d'eux, hochera la teste sur eux, & se rira de leur perte. O Seigneur Dieu des vertus ! que bien-heureux est celuy qui espere en vous, qu'il est bon de s'attacher en vous, & de ietter en vous toute son attente : vne grande & profonde paix accompagne ceux qui suiuent vos sentiers & vostre loy, le scandale ne les accueille iamais : au contraire, le salut s'esloigne des pecheurs, parce qu'ils mettent en oubli vos iustifications. Mais parce qu'en cette vie nul ne sçait s'il est digne d'amour ou de haine, receuons nostre iugement, & ne le precipitōs point auant le temps, iusques à ce que vienne le dernier iour, qui doit estre iuge de tous les autres, lors que le Seigneur découurira la cachete des tenebres, & manifestera les conseils des cœurs, car alors la loüange ou le blâme sera donnée de la part de Dieu, qui rendra à vn chacun selon son œuure. Qui aura semé du vent recueillira des tourbillons, de l'orage & de la tempeste: mais qui aura semé des benedictions en fera vne ample recolte. Les ris, les ioyes & les fausses folies de cette vie, auront les pleurs, le dueil & les douleurs à leur extremité: mais ceux qui ietteront en pleurs la semence de leurs bonnes œuures, feront vne grande moisson de ioye & de contentement. Ils alloient, dit le grand Psalmiste, parlant des Esleus, semant en larmes d'amertume & de penitence: mais à leur retour ils ont rapporté des gerbes de plaisir, & cueilli les fruits d'vne immortelle felicité.

FIN.

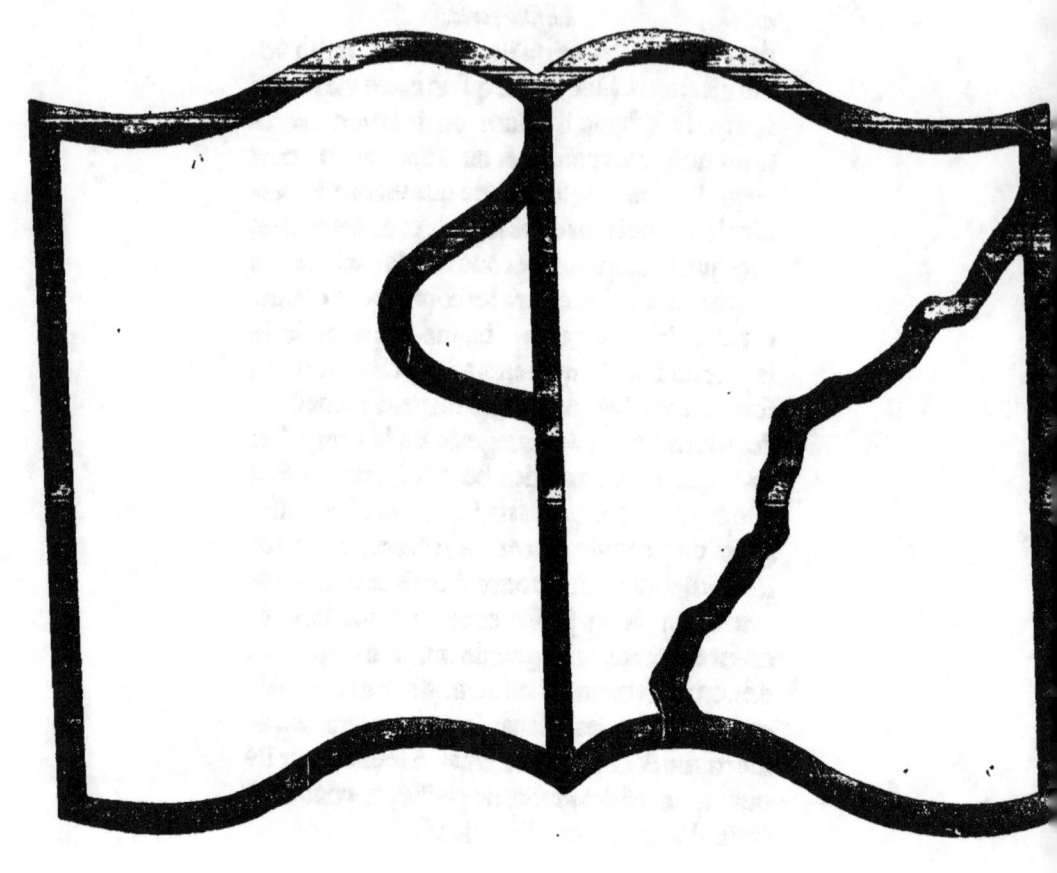

Texte détérioré — reliure défectueuse

NF Z 43-120-11

www.ingramcontent.com/pod-product-compliance
Lightning Source LLC
Chambersburg PA
CBHW072125220426
43664CB00013B/2129